Inge Schmidtke

Kompetenztests für den Deutschunterricht

Lesen – Rechtschreiben – Sprache reflektieren

2. Klasse

Die Autorin: Inge Schmidtke – studierte Grundschullehramt, langjährige Tätigkeit als Schulleiterin

Gedruckt auf umweltbewusst gefertigtem, chlorfrei gebleichtem und alterungsbeständigem Papier.

8. Auflage 2020
© 2007 PERSEN Verlag, Hamburg
AAP Lehrerwelt GmbH
Alle Rechte vorbehalten.

Illustrationen: Ari Plikat
Satz: MouseDesign Medien AG, Zeven

ISBN 978-3-8344-3789-1

www.persen.de

Inhaltsverzeichnis

Kennzeichnung der Aufgaben

(1)   einfache Aufgaben
      (Kompetenzstufe 1)

(1)   Aufgaben auf mittlerem Niveau
      (Kompetenzstufe 2)

(1)   anspruchsvolle Aufgaben
      (Kompetenzstufe 3)

(Z)   Zusatzaufgabe

S   Selbsteinschätzung
K   Kontrolle

Bildungsstandards, Kompetenzstufen, Vergleichsarbeiten ... man könnte leicht den Überblick verlieren. Sieht man sich die Veröffentlichungen zu diesen Themen genauer an, so erkennt man dennoch immer wiederkehrende, grundlegende Kompetenzanforderungen für den Deutschunterricht der Grundschule.

Die Bildungsstandards benennen die wesentlichen Ziele des pädagogischen Arbeit präzise und verständlich, ausgedrückt als erwünschte Lernergebnisse der Schülerinnen und Schüler und konkretisiert durch Aufgabenbeispiele. Für den Deutschunterricht der Grundschule sind in diesem Buch die grundlegenden Kompetenzen für die Klassen 2 und 3 so in Aufgabenstellungen umgesetzt, dass sie mit Hilfe von Testverfahren erfasst werden können. Dabei ist auch festzustellen, welche unterschiedlichen Kompetenzstufen die Kinder erreichen.

Die Aufgaben in den Kompetenztests sind unterschiedlich gekennzeichnet:

(1) Bei diesen Aufgaben geben die Schülerinnen und Schüler bekannte Informationen wieder und wenden grundlegende Verfahren an. Für das Lesen und die Texterschließung bedeutet dies, dass die Informationen direkt dem Text zu entnehmen sind.

(2) Bei diesen Aufgaben bearbeiten die Schülerinnen und Schüler vertraute Sachverhalte, indem sie erworbenes Wissen und bekannte Methoden anwenden und miteinander verknüpfen. Für das Lesen und die Texterschließung bedeutet dies, dass innerhalb des Textes Zusammenhänge hergestellt werden müssen, um die Aufgaben zu lösen.

(3) Bei diesen Aufgaben bearbeiten die Schülerinnen und Schüler für sie neue Problemstellungen, die eigenständige Beurteilungen und eigene Lösungen erfordern. Für das Lesen und die Texterschließung bedeutet dies, dass die Kinder werten und selbstständig Antworten durch Nachdenken und Ableiten finden.

Im Bereich Lesen/Umgang mit Texten bieten die Tests unterschiedliche Textsorten (Erzählungen, Sachtexte) an. Die Texte sind vom Schwierigkeitsgrad und vom Umfang her differenziert. Auf eine Zuordnung zu einer Klassenstufe wurde bewusst verzichtet, da die Tests entsprechend dem Klassenniveau ausgewählt werden sollten. Demzufolge sind auch die Aufgaben zu den Texten differenziert darauf gerichtet, zu erfassen, wie die Lesefähigkeiten der Kinder entwickelt sind. So werden die Kinder zum Beispiel gezielt einzelne Informationen suchen, Zusammenhänge zwischen Inhalten herstellen oder elementare Wertungen abgeben. In den meisten Tests sind Aufgaben aller drei Lesekompetenzstufen enthalten. Die Selbsteinschätzungen verlangen die gleichen Rezeptionsleistungen von den Kindern wie der entsprechende Lesetext.

Bei den Tests im Bereich der Sprache geht es vorrangig darum, zu prüfen, ob die Schülerinnen und Schüler über grundlegende Methoden, Arbeitstechniken und Strategien verfügen und sprachliche Begriffe und Strukturen auf Wort-, Satz- und Textebene kennen und untersuchen können.

Im Bereich Rechtschreiben handelt es sich bei den Aufgaben um Überprüfungen des grundlegenden Regelwissens und des Nutzens von Rechtschreibstrategien für eine richtige Schreibung. So sollen die Kinder zum Beispiel einen Text richtig abschreiben, Wörter im Wörterbuch nachschlagen, Fehler finden, markieren und korrigieren oder bestimmte Regeln anwenden (Stammschreibung, Großschreibung).

Inge Schmidtke: Kompetenztests für den Deutschunterricht, 2. Klasse
© Persen Verlag

Im grammatischen Bereich geht es um die Beherrschung grundlegender sprachlicher Strukturen und Begriffe und deren Verwendung unter funktionalem Aspekt, z. B. um die Anwendung grundlegender Begriffe, das Nutzen sprachlicher Operationen und die Wortbildung.

Jedem Test zum sprachlichen Können ist eine Seite zur Selbsteinschätzung vorangestellt, die zur Vorbereitung einzusetzen ist. So können die Kinder selbst testen, wie weit sie in der Lage sind, die entsprechenden Aufgaben zu lösen oder ob noch Übungsbedarf besteht.

Die Symbole zur Selbsteinschätzung geben eine Skala von Eins bis Fünf wieder, deren Bedeutung vorher gemeinsam mit den Kindern geklärt werden sollte. Außerdem ist es sinnvoll, dass die Selbsteinschätzungen von der Lehrperson oder einer Partnerin oder einem Partner (bei Vorlage der richtigen Lösungen) bestätigt oder nicht bestätigt werden.

Die Vergleichsarbeit ist eine Möglichkeit, innerhalb einer Schule auf der gleichen Klassenstufe die gleiche Arbeit zu schreiben. So können sich Lehrpersonen über Dimensionen und Niveau ihrer Anforderungen verständigen, die Praxis der Leistungsbewertung überdenken und sich auf Konsequenzen hinsichtlich der Bestimmung und des Erwerbs grundlegenden Wissens und Könnens einigen. Die Vergleichsarbeit ist als Vorschlag zu sehen, der entsprechend der konkreten Schul- und Klassensituation abgewandelt werden kann.

Zu bedenken ist beim Umgang mit Tests, dass sie nur eine Form der Überprüfung der Schülerleistung sind. Fehler sind Schritte auf dem Weg zur Erkenntnis und Lücken machen uns auch auf eigene Lücken im Unterricht aufmerksam.
Eine Note ersetzt das verbale, ermunternde Urteil nicht. Und wichtige Lernfortschritte lassen sich auch mit anderen Methoden und Instrumenten erfassen. Maßstab ist nicht immer die Decke, nach der sich alle Schülerinnen und Schüler gleichzeitig strecken sollen, sondern der Weg, den jedes Kind zurückgelegt hat. Ohne Anerkennung gibt es keine Erfolge.

Inge
Schmidtke

Fremdsprachen sollte man können

Eine kleine und eine große Maus
laufen über die Strandpromenade.
Da biegt eine Katze um die Ecke.
Die große Maus bleibt erschrocken stehen.
Die kleine Maus läuft weiter und bellt:
„Wau, wau!"
Da läuft die Katze davon.

Darauf sagt die kleine Maus
zur großen Maus:
„Siehste: Fremdsprachen
muss man können!"

Ursula Scheffler

Aufgaben zum Text: Fremdsprachen sollte man können

1. Wer läuft über die Strandpromenade?

   ☐ eine kleine und eine große Katze
   ☐ eine kleine und eine große Maus
   ☐ eine kleine und eine große Made

2. Wer biegt um die Ecke?

   ☐ eine Katze
   ☐ ein Kater
   ☐ eine Maus

3. Was macht die große Maus?

   ☐ läuft weiter
   ☐ bleibt nicht stehen
   ☐ bleibt erschrocken stehen

4. Was macht die kleine Maus?

   ☐ Bellt: „Wau, wau!"
   ☐ Miaut: „Miau, Miau!"
   ☐ bleibt erschrocken stehen

5. Wie ist die kleine Maus?

   ☐ ängstlich
   ☐ ordentlich
   ☐ schlau

6. Was meint die kleine Maus mit „Fremdsprachen muss man können!"?

7. Was ist eine Strandpromenade?

So schätze ich mich ein	😄	🙂	😐	🙁	☹️
So werde ich eingeschätzt					

Inge Schmidtke: Kompetenztests für den Deutschunterricht, 2. Klasse
© Persen Verlag

Wenn ich groß bin

Wenn ich groß bin, werde ich Seefahrerin!
Dann entdecke ich eine
geheimnisvolle Insel.
Dort kämpfe ich mit wilden Bestien
und fleischfressenden Pflanzen,
mit Regen und Wind.
Auf einmal finde ich seltsame Spuren
im Sand,
die sind ... von einem Riesenvogel.
Der packt mich und entführt mich
in die Lüfte.

Weit draußen schmeißt er mich ins Meer.
Da sinke ich bis auf den Grund,
wo eine alte Schatztruhe liegt.
Ein Delfin rettet mich
und bringt mich zurück in mein Boot.
Der Delfin wird mein Freund
und zusammen heben wir den Schatz.

Erhard Dietl

Aufgaben zum Text: Wenn ich groß bin

1. Was möchte das Kind werden,
   wenn es groß ist?

   ☐ Kapitän
   ☐ Seefahrerin
   ☐ Seefahrer

2. Was will es entdecken?

   ☐ eine gemeine Insel
   ☐ ein geheime Insel
   ☐ eine geheimnisvolle Insel

3. Von wem findet es Spuren im Sand?

   ☐ von einem Riesenvogel
   ☐ von wilden Bestien
   ☐ von einem Delfin

4. Was macht der Delfin?

   ☐ rettet das Kind
   ☐ wirft das Kind ins Meer
   ☐ schwimmt mit dem Schatz weg

5. Was wird der Delfin?

   ☐ ein Schatz
   ☐ ein Freund
   ☐ ein Feind

6. Woran merkst du, dass das Kind sich alles nur vorstellt?

7. Ist das Kind ein Mädchen oder ein Junge? Schreibe das Wort auf, dass es dir verrät.

Geht nicht

Lene und Peter spielen.
Im Kinderzimmer ist ein Laden.
Lene will einen kleinen Bruder kaufen.
„Der da ist genau richtig,
den nehme ich", sagt sie
und zeigt auf Peter.
Später streiten Peter und Lene.
„Ich bringe dich zurück!", schreit Lene.
„Ich tausche dich um!"

Aber das geht nicht,
weil das Abendbrot fertig ist.
Nachher im Bett erzählen sich
Lene und Peter Gruselgeschichten.
Sie kriechen unter die Decke
und kichern und fürchten sich.
„Ich tausche dich doch nicht um", sagt Lene.
„Die Geschäfte haben ja auch schon zu",
sagt Peter.

Frauke Nahrgang

Aufgaben zum Text: Geht nicht

1 Was stimmt?

☐ Lene und Peter speisen.
☐ Lene und Peter spielen.

☐ Sie spielen im Kinderzimmer.
☐ Sie spielen draußen.

☐ Lene will ein Spielzeug kaufen.
☐ Lene will einen Bruder kaufen.

☐ Später streiten sie sich.
☐ Später stoßen sie sich.

☐ Im Bett erzählen sie sich Indianergeschichten.
☐ Im Bett erzählen sie sich Gruselgeschichten.

2 Warum schreit Lene: „Ich tausche dich um!"?
☐ weil sie sich mit Peter vertragen hat
☐ weil sie sich mit Peter gestritten hat
☐ weil sie sich mit Peter gefürchtet hat

3 Warum sagt sie später:
„Ich tausche dich doch nicht um."?
☐ weil sie zusammen kichern und sich fürchten
☐ weil sie sich weiter gestritten haben
☐ weil er sie gekitzelt hat

4 Was machen Lene und Peter nach dem Abendbrot?

_____

5 Was meint Peter mit dem Satz: „Die Geschäfte haben ja auch schon zu."?

_____

So schätze ich mich ein	😄	🙂	😐	🙁	😟
So werde ich eingeschätzt					

Inge Schmidtke: Kompetenztests für den Deutschunterricht, 2. Klasse
© Persen Verlag

Vorsicht!

Die Schule ist aus.
Es regnet.
Opa steht vor der Klasse.
Mit einem großen Regenschirm.
„Du hast aber einen netten Opa",
sagt Frau Krüger.
Peter schüttelt den Kopf.
„Das ist kein netter Opa.
Das ist ein stinke-doofer Opa", sagt er.

Er zieht den Opa beiseite und
flüstert ihm ins Ohr:
„Bei der müssen wir vorsichtig sein.
Mein Zwergenbild hat ihr auch
so gut gefallen.
Und dann hat sie gebettelt und gebettelt.
Bis ich es ihr schenken musste."

Frauke Nahrgang

Aufgaben zum Text: Vorsicht!

1. Was stimmt?

    ☐ Die Schule fängt an.
    ☐ Die Schule ist aus.

    ☐ Es regnet.
    ☐ Es schneit.

    ☐ Opa hat einen Regenschirm.
    ☐ Opa hat einen Sonnenschirm.

    ☐ Die Lehrerin Frau Krüger findet
       den Opa nett.
    ☐ Die Lehrerin Frau Krüger findet
       den Opa nicht nett.

2. Was musste Peter mit dem Zwergenbild machen?

    ☐ Es Frau Krüger schenken.
    ☐ Bei Frau Krüger darum betteln.
    ☐ Es dem Opa zeigen.

3. Warum sagt Peter zu Frau Krüger: „Das ist ein stinke-doofer Opa."?

4. Warum heißt die Geschichte wohl „Vorsicht!"?

Schiffe in der Stadt

In den Ferien besucht Lisa
ihren Vetter Alex in Hamburg.
Beide stehen am Ufer der Elbe.
Plötzlich schallt eine Stimme
aus einem Lautsprecher.
„Der Frachter wird begrüßt", sagt Alex.
Lisa staunt über das riesige Schiff
mit den vielen großen Kisten.
„Das Schiff hat Container aus China
geladen", sagt Alex.
„Woher weißt du das?", fragt Lisa erstaunt.

„Dort hinten ist eine rote Flagge mit
Sternen", erklärt Alex.
Jetzt ertönt Musik aus dem Lautsprecher.
„Ist das denn auch chinesische Musik?",
fragt Lisa.
„Sicher", sagt Alex.
„Jedes Schiff, das in den Hamburger Hafen
fährt, wird mit seiner Nationalhymne
begrüßt."
Lisa staunt: Riesige Schiffe mitten in einer
großen Stadt.

Aufgaben zum Text: Schiffe in der Stadt

1 Unterstreiche im Text mit verschiedenen
Farben.

☐ Wen besucht Lisa in den Ferien?
☐ In welcher Stadt sind die beiden?
☐ Wo stehen sie?
☐ Woher kommt Musik?
☐ Was hat das Schiff geladen?
☐ Wie wird jedes Schiff begrüßt,
das den Hamburger Hafen ansteuert?

2 Was ist ein Frachter? Welche Wörter im Text helfen dir?

_____

_____

3 Woher weiß Alex, dass das Schiff aus China kommt?

_____

4 Worüber staunt Lisa?

_____

So schätze ich mich ein	😄	🙂	�'	😕	🙁
So werde ich eingeschätzt					

Inge Schmidtke: Kompetenztests für den Deutschunterricht, 2. Klasse
© Persen Verlag

Mugabo

Lukas kennt Mugabo nicht.
Doch seit die Lehrerin von ihm erzählt hat,
versucht er, ihn sich vorzustellen.
Mugabo ist acht Jahre alt, wie Lukas.
Er wohnt in Afrika.

Auf dem Bild, das die Lehrerin von
Mugabo besitzt, hat er krause Haare
und dunkle Haut.
Er lacht und zeigt seine weißen Zähne.
Mugabo wohnt mit seinen Eltern und
fünf Geschwister in einem Haus aus
getrockneten Lehmziegeln.
Seine Eltern haben es selbst gebaut.
Es besteht aus zwei Räumen.
Mugabo hat kein Bett.
Er schläft auf einer Strohmatte am Boden.

Mugabos älterer Bruder bringt ihm
Schreiben und Lesen bei.
Rechnen hat er mit seinen Fingern
und Zehen gelernt.
Mugabo möchte gern zur Schule gehen.
Aber der Vater ist nicht reich genug,
um das Schulgeld für mehrere Kinder
zu bezahlen.
Lukas fällt es schwer, sich Kinder
vorzustellen, die nicht in die Schule
zu gehen brauchen.
Das wünscht er sich oft.
Soll er sie beneiden?

Max Bolliger

Aufgaben zum Text: Mugabo

(1) Unterstreiche im Text.

☐ Wer hat von Mugabo erzählt?
☐ Wie alt ist Mugabo?
☐ Wie sieht er aus?

☐ Wo wohnt er?
☐ Wo schläft er?
☐ Wer bringt ihm Lesen und Schreiben bei?

(2) Wie wohnt Mugabo?

(3) Warum kann Mugabo nicht in die Schule gehen?

(4) Worüber denkt Lukas nach?

Der kleine Drache schlägt Purzelbäume

Hanno und der kleine Drache sitzen
auf dem Bett.
Hanno krault den kleinen Drachen am Kopf
und der kleine Drache erzählt ihm vom
Drachenland.

„Einmal im Jahr feiern wir das große
Feuerfest", erzählt er.
„Dann müssen alte Drachenkinder
um die Wette Feuer blasen.
Ich verliere immer.
Weil ich nur einen einzigen Kopf habe."
„Ich verliere auch immer", sagt Hanno.
„Beim Laufen.
Und beim Ball spielen.
Und beim Purzelbaum schlagen.
Der Ludwig Halt, der schafft zehn
Purzelbäume hintereinander.
Ich höchstens einen."
„Purzelbaum? Was ist das?",
fragt der kleine Drache.
Hanno macht ihm einen Purzelbaum vor.
Keinen guten.
Aber dem kleinen Drachen gefällt er.

„Das will ich auch können", sagt er.
Er zieht den Kopf ein,
stellt den Schwanz in die Luft und
kugelt auf die Seite.
„Das war nichts", faucht er.

Hanno muss es ihm noch einmal vormachen
und noch einmal und noch einmal.
Dann hat der kleine Drache begriffen,
wie ein Purzelbaum geht.
Hanno übt und der kleine Drache übt,
bis sie vier Purzelbäume hintereinander
schlagen können.
„Vier Purzelbäume!",
faucht der kleine Drache.
„Vier! Ich bin der einzige Drache auf der
Welt, der das kann!"
Er legt den Kopf schief, bläst ein Wölkchen
in die Luft und sieht Hanno an.
„Das war ein schöner Tag", sagt er.
„Ich bin froh, dass ich dich habe."

Irina Korschunow (gekürzt)

Aufgaben zum Text: Der kleine Drache schlägt Purzelbäume

Beantworte im Heft:

1. Wer sitzt auf dem Bett?

2. Wovon erzählt der kleine Drache?

3. Wobei verliert Hannes immer?

4. Was probiert der kleine Drache?

5. Gelingt es ihm?

6. Was üben die beiden?

7. Warum sagt der Drache, dass es ein schöner Tag war?

8. Hat Hanno an diesem Tag auch etwas gelernt?

So schätze ich mich ein	☺	☺	☺	☹	☹
So werde ich eingeschätzt					

Flunkerfranz

Es war einmal ein Hase,
der die tollsten Geschichten erfand.
Und immer, wenn jemand etwas erzählte,
dann wusste er eine Geschichte,
die noch ungewöhnlicher
und noch aufregender war.
Dabei log er das Blaue vom Himmel
herunter.

Er log, dass sich einem Schwein der Pelz
sträubte und dass sich jedem Huhn
die Hörner bogen.
Man konnte Flunkerfranz schon von weitem
erkennen, weil sein mittleres Ohr etwas
länger war als das rechte und das linke.
Auch wenn er davonlief, war er nicht
zu verwechseln:
Er hatte einen hübschen braunweiß
karierten Stummelschwanz.

Franz züchtete in seinem Garten Möhren.
Die waren so groß, dass er sie mit einem
Bagger herausziehen musste.
Und das spätestens im April!
Aus den Kartoffeln, die an seinen
Apfelbäumen wuchsen,
bereitete er köstliches Birnenkompott.

Und wenn er auf seiner silbernen Holzflöte
spielte, dann fielen vor Schreck die Fische
von den Bäumen und die Vögel von den
Radieschensträuchern.
Ich habe ihn Ostern besucht,
da legte er gerade viereckige Ostereier.
Siebenhundert Stück.

Wenn ich es nicht mit eigenen Ohren
gesehen hätte, wirklich, ich würde es
nicht glauben!
Außerdem kann ich einfach nicht
verstehen, wie einer so schwindeln kann
wie der Flunkerfranz.
Könnt ihr das?
Ich könnte das nie!

Ursel Scheffler (gekürzt)

Aufgaben zum Text: Flunkerfranz

Beantworte im Heft:

1. Wer ist Flunkerfranz?

2. Wie waren seine Geschichten?

3. Woran konnte man Flunkerfranz erkennen?

4. Was erfährst du über seine Möhren?

5. Was passierte, wenn er auf der Flöte spielte?

6. Die Erzählerin hat ihn Ostern besucht. Was geschah?

7. Sie meint, sie könnte so nicht schwindeln. Stimmt das?

8. Wie werden die Flunkereien beschrieben?

Indianer

„Was ist das für ein Buch?", fragt Lotti.
Jan liegt auf seinem Bett und liest ein dickes Buch.
„Was ist das für ein Buch?", fragt Lotti noch mal.
Aber Jan murmelt nur: „Lass mich in Ruhe."
5 Lotti findet das gemein.
Sie will auch gerne so dicke Bücher lesen.
Aber ein Buch würde mindestens drei Jahre dauern.
Lotti ist das jetzt zu blöd.
Sie reißt Jan das Buch einfach aus der Hand.
10 „Bist du bescheuert?
Das war gerade total spannend!", ruft Jan wütend.
Lotti guckt sich das Buch an.
Vorne drauf ist ein Indianer.
Und darüber steht: Winnetou.
15 Was soll denn das heißen?
„Gib das sofort zurück!"
Jan will ihr das Buch wieder wegnehmen.
Aber Lotti gibt es nicht her.
Ein wilder Kampf geht los.
20 Und mitten in dem Kampf rutscht das Buch hinters Bett.
„Das hast du jetzt davon!"
Am liebsten würde Jan Lotti verhauen.
Aber das Buch ist wichtiger.
Jan versucht, es wieder hervorzuholen.
25 Doch seine Hand bleibt stecken.
Lottis Hand ist kleiner.
Die könnte bis zum Buch kommen.
„Bitte! Hol das Buch wieder hoch!"
Jan ist plötzlich ganz nett. Aber Lotti noch nicht.
30 „Nur, wenn du mir dann vorliest."
„Na gut", sagt Jan.
Da holt Lotti das Buch. Sie legt sich neben Jan.
Und Jan liest ihr tolle, spannende und
sehr lange Indianer-Geschichten vor.

35

Milena Baisch

Aufgaben zum Text: Indianer

(1) Was macht Jan?
   ☐ liest auf dem Bett ein dickes Buch
   ☐ liegt auf dem Bett und schläft

(2) Was macht Lotti?
   ☐ stößt Jan
   ☐ stört Jan

Inge Schmidtke: Kompetenztests für den Deutschunterricht, 2. Klasse
© Persen Verlag

③ Warum will Jan in Ruhe gelassen werden?
　　☐ weil das Buch so langweilig ist
　　☐ weil das Buch so spannend ist

④ Warum findet Lotti das gemein?

⑤ Warum dauert das Lesen bei Lotti mindestens drei Jahre?

⑥ Was erfährst du über das Buch?

⑦ Wie kommt es zum Streit?

⑧ Was passiert dabei mit dem Buch?

⑨ Warum kann Jan es nicht hervorholen?

⑩ Warum ist er jetzt nett zu Lotti?

⑪ Wie endet die Geschichte?

So schätze ich mich ein	☺	☺	☺	☹	☹
So werde ich eingeschätzt					

Das Nachrichtenband

Micha wohnt seit drei Wochen in dem gelben Hochhaus,
im neunten Stockwerk. Drei Wochen Langeweile sind das.
Dösig hockte er in der Couchecke und blätterte Comic-Hefte durch.
Mindestens zehn Kinder wohnten in diesem Haus.
5 Da müsste man doch irgendwie rankommen!, überlegte er.
Micha hatte einen Gedanken.
Er stand auf, nahm eine Rolle Band aus dem Nähkästchen
und schrieb auf einen Zettel:
„Ich heiße Micha und wohne im Neunten",
10 dann befestigte er sein neuestes Comic-Heft an dem Band
und schrieb auf den Zettel: „Wer will, kann dieses Heft ausleihen!
Aber bitte Namen auf den Zettel schreiben und Stockwerk."

Dann machte er das Fenster auf und ließ den Zettel
15 ganz langsam mit dem Band und dem Comic-Heft
an der Hauswand hinuntergleiten.
Wie der Fischer mit der Angel am See wartete Micha
mit seinem Band am Fenster.
Nach etwa fünf Minuten gab es einen Ruck.
20 Jemand machte sich an dem Band zu schaffen.
Micha hielt jetzt das Band ganz fest und wartete einige Minuten,
bevor er wieder einholte.
Mit dem Band zog Micha einen zweiten Zettel herein.
Und noch ein Comic-Heft. „Petra. Zweiter", stand auf
25 dem Zettel. Und: „Dein Comic ist alt, von letzter Woche.
Hab ich schon lange gelesen.
Ich leih dir den neuen aus, er ist von dieser Woche.
Bitte nach dem Lesen wieder herunterlassen."
Rasch las er den Comic durch und befestigte ihn wieder am Band.
30 Außerdem befestigte er sein Taschenmesser mit dem Häkchen ans Band
und schrieb einen neuen Zettel: „Comic zurück, danke. Kenn ich auch schon lange.
Wenn du willst, kannst du dir mein Taschenmesser ein Weilchen ausleihen.
Vorsicht, die mittlere Klinge ist besonders scharf!"
Auf diese Weise wanderten am selben Tag noch zwei Teddys,
35 eine Puppe, ein angefangenes Flugmodell, ein halbes Abendbrot
und eine Indianerkleidung an der Hauswand auf und ab.
Und dann war wieder ein Zettel am Band befestigt:
„Was macht ihr da? Ich heiße Paul und wohne im Fünften."

40 Nun kamen noch Sachen von Paul dazu.
Und später – es war schon dunkel, und Micha hatte seine Taschenlampe
am Band befestigt – noch Irmgard aus dem vierten und Kaspar aus dem ersten Stock.
„Die machen das nicht schlecht", sagte Herr Hubmaier, Petras Vater,
zu seiner Frau, als Petra mit Pauls Cowboyhut in die Küche kam.
45 „Wenn wir Erwachsenen uns nur auch so leicht kennenlernen könnten ..."

Frieder Stöckle (gekürzt)

Name: **Datum:**

Aufgaben zum Text: Das Nachrichtenband

1   Wo wohnt Micha?
- ☐ im fünften Stock eines Hochhauses
- ☐ im neunten Stock eines Hochhauses

2   Warum kennt er niemanden?
- ☐ weil er vor drei Wochen erst eingezogen ist
- ☐ weil sich seit Jahren niemand dort kennt

3   Welche Idee hat er, um die anderen Kinder kennenzulernen?
- ☐ einen Zettel schreiben
- ☐ im Haus umhergehen

4   Welche Antwort bekommt er von Petra?

5   Was leiht Micha ihr aus?

6   Welche Gegenstände wandern noch an der Hauswand entlang?

7   Welche Kinder lernt Micha so kennen?

8   Was meint Petras Vater dazu?

9   Wie denkst du über Michas Idee?

Das Eichhörnchen

In fast allen Wäldern Europas und Asiens finden Eichhörnchen ihre Heimat.
Der Körper des Eichhörnchens ist etwa 20 bis 25 Zentimeter lang.
Sein auffallend buschiger Schwanz ist fast genauso lang.
Es hat rotbraunes bis hin zu schwarzem Fell und einen weißen Bauch.
Eichhörnchen können bis zu 500 Gramm wiegen.
In freier Natur kann ein Eichhörnchen höchstens 12 Jahre alt werden.
Es klettert blitzschnell über die Äste und springt von Baum zu Baum.
Der Schwanz ist wichtig, um die Balance zu halten und um zu steuern.
Bei Kälte und Regen bleibt es in den Nestern, die Kobel genannt werden.

Vögel wie Habicht und Bussard sind die natürlichen Feinde des Eichhörnchens, aber auch der Baummarder.
Eichhörnchen gehören zu den Allesfressern. Sie fressen Blüten und Beeren, aber auch Schnecken und junge Vögel oder Vogeleier.
Außerdem verstecken sie Nüsse und Eicheln als Vorrat.
Sie merken sich ihre Verstecke aber nicht und suchen nur danach, wenn sie Hunger haben.

Aufgaben zum Text: Das Eichhörnchen

1. Unterstreiche im Text.
   1. Wo ist die Heimat des Eichhörnchens?
   2. Wie lang ist der Körper?
   3. Wie schwer wird ein Eichhörnchen?
   4. Wie alt kann es werden?
   5. Was erfährst du über das Aussehen?
   6. Was kann ein Eichhörnchen besonders gut?
   7. Wie heißt die Behausung?
   8. Wovon ernährt es sich?
   9. Wer sind ihre Feinde?

2. Was erfährst du über die Vorräte der Eichhörnchen?

3. Was könnte ein Eichhörnchen nicht mehr, wenn es keinen Schwanz hätte?

So schätze ich mich ein					
So werde ich eingeschätzt					

Inge Schmidtke: Kompetenztests für den Deutschunterricht, 2. Klasse
© Persen Verlag

Der Koalabär

Koalabären gehören nicht zu der Gruppe der Bären, sondern zu der Gruppe der australischen Beuteltiere.
Sie können bis zu 85 Zentimeter groß werden.
Je nach Region wiegen sie unterschiedlich viel, können aber bis zu 14 Kilogramm schwer werden.
Das dichte Fell der Koalas ist bräunlich bis silbergrau.
Auffallend sind die dicke, dunkle Nase und die großen Ohren.
Durch die scharfen Krallen an den Händen können sie gut klettern.
Ursprünglich waren Koalas sehr weit verbreitet, heute gibt es sie nur noch in Australien.

Sie können nur dort leben, wo es viele verschiedene Eukalyptusbäume gibt, da das ihre einzige Nahrung ist.
Wild lebende Koalas werden bis zu 15 Jahre alt.
Sie schlafen bis zu 20 Stunden am Tag, sind nachtaktiv.
Sie bleiben meist ein Leben lang in einem Revier.
Die natürlichen Feinde der Koalas sind Dingos, Eulen, Adler, Warane und Python-Schlangen.
Viele Koalabären werden auch durch Buschfeuer getötet.

Aufgaben zum Text: Der Koalabär

1. Unterstreiche im Text.
   1. Wo ist die Heimat der Koalas?
   2. Wie groß werden sie?
   3. Wie schwer werden sie?
   4. Wie alt können sie werden?
   5. Was erfährst du über das Aussehen?
   6. Was können sie besonders gut?
   7. Wovon ernähren sie sich?
   8. Wer sind ihre Feinde?

2. Was erfährst du über die Nahrung der Koalabären?

3. Es gibt immer weniger Koalas. Woran könnte das liegen?

Elefanten

Elefanten sind die größten Tiere,
die auf dem Land leben.
Sie können bis zu vier Meter groß werden.
Mit dem langen Rüssel greifen sie Nahrung
und stecken sie in den Mund.
Sie können auch Sand und Wasser
aufsaugen, um es sich dann
auf die Haut zu spritzen.
Die Stoßzähne benutzen sie, um tiefe
Löcher auf der Suche
nach Wasser zu graben.

Damit können sie auch etwas hochheben
oder zerkleinern.
Selten verteidigen sie sich mit dem Rüssel
und den Stoßzähne,
da Elefanten sehr friedliche Tiere sind.

Aufgaben zum Text: Elefanten

1. Wie groß können Elefanten
   werden?
   ☐ bis zu vierzig Meter
   ☐ bis zu vier Meter

2. Was machen sie mit dem langen Rüssel?
   ☐ Nahrung greifen
   ☐ tiefe Löcher graben

3. Warum graben sie tiefe Löcher?
   ☐ um Wasser zu suchen
   ☐ um sich zu verstecken

4. Womit können sie etwas zerkleinern?
   ☐ mit dem Rüssel
   ☐ mit den Stoßzähnen

5. Wie sind Elefanten?
   ☐ fröhlich
   ☐ friedlich
   ☐ niedlich

6. Warum saugen die Elefanten mit dem Rüssel Wasser auf?

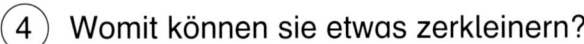

So schätze ich mich ein	😄	🙂	😐	🙁	😟
So werde ich eingeschätzt					

Inge Schmidtke: Kompetenztests für den Deutschunterricht, 2. Klasse
© Persen Verlag

Elefanten

Elefanten leben in Afrika und Asien.
In freier Wildbahn werden Elefanten
bis zu 40 Jahre alt.
In Herden wandern sie weite Wege,
um Nahrung zu suchen.
Sie ernähren sich von Pflanzen, wie zum
Beispiel von Blättern an den Bäumen oder
Gras.
Mit den Stoßzähnen können sie aber auch
Rinde von den Bäumen schaben.

Sie besitzen nur vier Zähne,
die nachwachsen können.
Wenn sie mit den großen Ohren wackeln,
fächeln sie sich Luft zu.
Sie verständigen sich untereinander
mit Lauten und mit Bewegungen
ihres Rüssels und ihrer Ohren.

Aufgaben zum Text: Elefanten

1. Wie alt können Elefanten werden?
   ☐ vier Jahre
   ☐ vierzig Jahre

2. Was tun sie, um Nahrung zu suchen?
   ☐ tiefe Löcher graben
   ☐ weite Wege wandern

3. Wovon ernähren sie sich?
   ☐ von Blättern und Gras
   ☐ von Pflanzen und Tieren

4. Warum wackeln sie mit den Ohren?
   ☐ um sich Luft zuzufächeln
   ☐ um besser zu hören

5. Was können sie mit den Stoßzähnen tun?
   ☐ weiches Holz fressen
   ☐ Rinde von den Bäumen schaben

6. Womit verständigen sie sich?

Woher kommt die Zahnbürste?

Die erste Zahnbürste war ein kleiner Stock zum Kauen.
Es war das dünne Stück eines Astes, das an einem Ende zerfasert wurde.
Aus China kamen die ersten Zahnbürsten mit Borsten.
Sie sahen anders aus als unsere Bürsten heute, eher wie ein Pinsel.
Die Borsten stammten von Hausschweinen und wurden an Stielen aus Bambus oder Knochen befestigt.
Kaufleute brachten diese Bürsten mit nach Europa.
Hier fand man die Borsten zu hart.
Deshalb nahm man Pferdehaare.
Die waren aber viel zu weich.
Außerdem wurden zu der Zeit die Zähne überwiegend mit Schwämmen oder Läppchen gereinigt.

Der Engländer William Addis gründete vor über 200 Jahren die erste Firma, die Zahnbürsten aus Kuhknochen und -borsten in größeren Mengen herstellte.
Dennoch besaßen zu der Zeit eher reiche Leute eine Zahnbürste.
Erst mit der Erfindung des Nylons (1938) wurden so viele Zahnbürsten hergestellt, dass sie auch billig verkauft werden konnten.
So setze sich das Zähneputzen bei vielen Menschen durch.

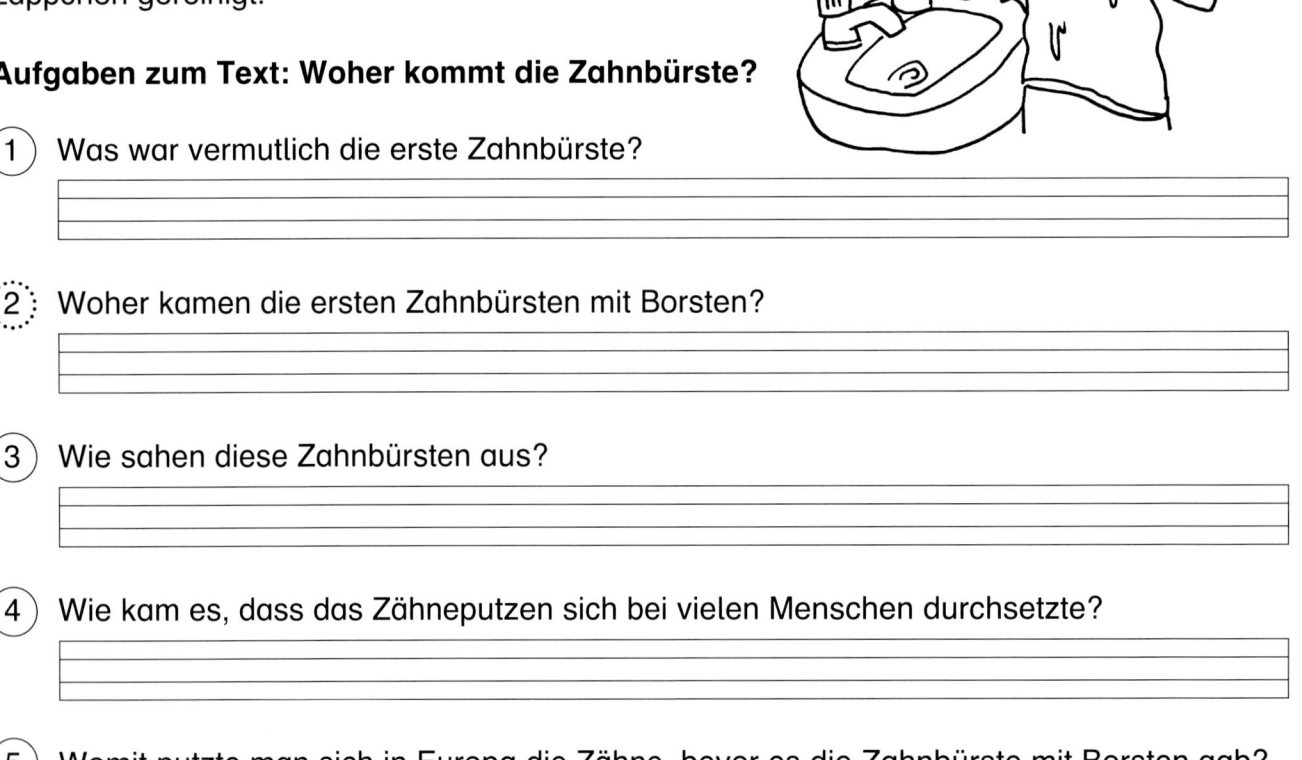

Aufgaben zum Text: Woher kommt die Zahnbürste?

1   Was war vermutlich die erste Zahnbürste?

2   Woher kamen die ersten Zahnbürsten mit Borsten?

3   Wie sahen diese Zahnbürsten aus?

4   Wie kam es, dass das Zähneputzen sich bei vielen Menschen durchsetzte?

5   Womit putzte man sich in Europa die Zähne, bevor es die Zahnbürste mit Borsten gab?

6   Warum besaßen früher nur reiche Leute eine Zahnbürste?

Inge Schmidtke: Kompetenztests für den Deutschunterricht, 2. Klasse
© Persen Verlag

Fliegen wie ein Hubschrauber

Libellen haben vier Flügel
und fliegen auch ganz anders als Käfer.
Sie fliegen nach oben, unten,
wechseln schnell die Richtung
und stehen auch schon mal auf der Stelle,
wie ein Hubschrauber.
Libellen jagen Fliegen
und andere Insekten in der Luft.
Sie müssen daher viel gewandter fliegen können
als der plumpe Maikäfer,
der sich nur von grünen Blättern ernährt.

Kim Taylor

Aufgaben zum Text: Fliegen wie ein Hubschrauber

1. Wie viele Flügel haben Libellen?
   ☐ zwei
   ☐ vier

2. Was jagen sie?
   ☐ Fliegen und andere Insekten
   ☐ Mücken und andere Insekten

3. Wovon ernährt sich der Maikäfer?
   ☐ von Blättern
   ☐ von Blüten

4. Was bedeutet gewandt?
   ☐ wendig und geschickt
   ☐ plump und ungeschickt

5. Warum müssen Libellen gewandter fliegen können als der Mailkäfer?

   _____

   _____

6. Wie fliegen Libellen?

   _____

   _____

   _____

Tiere

Die Giraffe

Giraffen leben in Afrika.
Ihr Fell ist braun-gelb gefleckt.
Sie ernähren sich von Pflanzen wie Blättern
und Gräser.
Mit dem langen Hals gelangen sie leicht
an die Blätter der Bäume.
Auf den Köpfen der Giraffen befinden sich
zwei oder vier stumpfe Hörner.
Giraffen werden bis zu sechs Meter groß.
Wegen ihrer langen Beine kommen sie
schlecht zum Trinken auf den Boden.

Sie sind friedliche Tiere und
haben keine natürlichen Feinde.
In Herden von etwa 30 Tieren sind sie
trotzdem gut getarnt.
Sie können höchstens 28 Jahre alt werden.
Ihre Jungen werden nach ungefähr 15 Monaten
Tragzeit geboren.
Bei der Geburt sind die Jungen
schon 2 Meter groß.

Das Zebra

Zebras gehören zu der Gruppe der Pferde.
Früher waren sie in ganz Afrika verbreitet.
Im Norden wurde sie ausgerottet,
sodass sie jetzt überwiegend im Osten und Süden Afrikas leben.
Sie haben schwarz-weiße Streifen auf ihrem Fell.
Die Streifen sehen bei jedem Tier anders aus.

Zebras sind begehrte Beutetiere,
vor allem für Hyänen und Löwen.
Die Raubtiere können sie aus weiter Entfernung
wegen der Streifen nicht gut erkennen.
Als Nahrung dienen Gräser und Kräuter.
Sie sind wie kleine Pferde und können bis zu
155 Zentimeter groß werden.
In freier Wildbahn werden sie
zwischen 20 und 40 Jahre alt.
Nach etwa einem Jahr Tragzeit wird
ein Zebra-Baby geboren.
Zebras leben in Herden mit ungefähr 20 Tieren.

Inge Schmidtke: Kompetenztests für den Deutschunterricht, 2. Klasse
© Persen Verlag

Name: Datum:

Aufgaben zu den Texten: Tiere

(1) Beantworte die Fragen.

Fragen	die Giraffe	das Zebra
Wo leben sie?		
Wovon ernähren sie sich?		
Wie sehen sie aus?		
Wie alt können sie werden?		
Wie leben sie?		
Was erfährst du über die Nachkommen?		
Wie groß werden sie?		
Was erfährst du über ihre Feinde?		

(2) Vergleiche. Welche Gemeinsamkeiten stellst du fest?

Abc

1 Welcher Buchstabe geht im Abc voran? Welcher folgt?

__ B __   __ H __   __ W __   __ K __

__ M __   __ X __   __ D __   __ O __

2 Ordne die Namenwörter (Nomen) nach dem Alphabet.

Spiel – Gespenst – Mutter – Klasse – Computer – Zeitung – Buch – Lampe

3 Ordne diese Wörter nach dem Alphabet.

Delfin – Boot – Berg – Auto – Ball

So schätze ich mich ein	😄	🙂	😐	🙁	☹️
So werde ich eingeschätzt					

Abc

1   **Welcher Buchstabe geht im Abc voran? Welcher folgt?**

__ C __   __ I __   __ V __   __ N __

__ L __   __ O __   __ E __   __ G __

2   **Ordne die Namenwörter (Nomen) nach dem Alphabet.**

September – Wald – Mädchen – Ferien – Jungen – Boot – Eis – Ampel

3   **Ordne diese Wörter nach dem Alphabet.**

Katze – Januar – Donnerstag – Kino – Koffer

Wörterliste (1)

(1) **Auf welcher Seite stehen die Wörter in der Wörterliste?**

da   Seite _____   kommen   Seite _____

April   Seite _____   Samstag   Seite _____

singen   Seite _____   Zahl   Seite _____

(2) **Was steht neben den Wörtern? Schreibe es auf.**

das Lied

der Fehler

der Name

spielen

schaukeln

danken

(3) **Welches Wort folgt danach?**

der Winter

der Samstag

bitten

sitzen

So schätze ich mich ein	☺	☺	☺	☹	☹
So werde ich eingeschätzt					

Wörter in der Wörterliste finden / Hinweis: Prüfen, ob die Wörter der
Aufgaben in der Wörterliste stehen und ggf. die Beispiele ersetzen

Wörterliste (1)

(1) Auf welcher Seite stehen die Wörter in der Wörterliste?

leise	Seite _____	ich	Seite _____
sollen	Seite _____	Eis	Seite _____
Platz	Seite _____	Heft	Seite _____

(2) Was steht neben den Wörtern? Schreibe es auf.

die Katze

die Gruppe

die Nase

lassen

rufen

fragen

(3) Welches Wort folgt danach?

der Februar

der Koffer

freuen

kennen

Inge Schmidtke: Kompetenztests für den Deutschunterricht, 2. Klasse
© Persen Verlag

Wörter in der Wörterliste finden / Hinweis: Prüfen, ob die Wörter der
Aufgaben in der Wörterliste stehen und ggf. die Beispiele ersetzen

29

Wörterliste (2)

1 **Suche die Wörter in der Wörterliste. Schreibe sie auf.**

   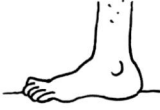 

_____ _____ _____ _____ _____

_____ _____ _____ _____

2 **Jedes Wort ist falsch geschrieben. Korrigiere es mit der Wörterliste.**

erzehlen

Klein

(das) Har

dises

(der) Löfel

(der) Sebtember

(die) Köbfe

(sie) fengt

3 **Finde den richtigen Anfangsbuchstaben.**

Schlage in der Wörterliste nach. (F) oder (V) ?

____ ernseher   ____ ater   ____ ogel

____ amilie   ____ reund   ____ oto

So schätze ich mich ein	😄	🙂	😐	🙁	☹️
So werde ich eingeschätzt					

Korrigieren mit Wörterliste / Hinweis: Prüfen, ob die Wörter der Aufgaben in der Wörterliste stehen und ggf. die Beispiele ersetzen

Inge Schmidtke: Kompetenztests für den Deutschunterricht, 2. Klasse
© Persen Verlag

Wörterliste (2)

(1) **Suche die Wörter in der Wörterliste. Schreibe sie auf.**

_____ _____ _____ _____ _____

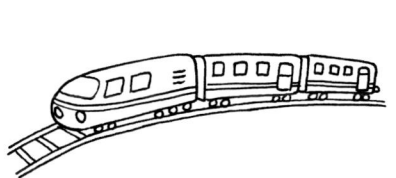   

_____ _____ _____ _____

(2) **Jedes Wort ist falsch geschrieben. Korrigiere es mit der Wörterliste.**

(der) Mei

(die) Pupe

(der) Plann

märken

schnel

weis

(sie) schigt

(die) Hunnde

(3) **Finde den richtigen Anfangsbuchstaben.**

Schlage in der Wörterliste nach. (C) **oder** (K) **?**

___ omputer   ___ uchen   ___ atze

___ ino   ___ ent   ___ omic

Inge Schmidtke: Kompetenztests für den Deutschunterricht, 2. Klasse
© Persen Verlag

Korrigieren mit Wörterliste / Hinweis: Prüfen, ob die Wörter der
Aufgaben in der Wörterliste stehen und ggf. die Beispiele ersetzen

31

Wortfamilien

① Finde drei Wortfamilien. Unterstreiche mit verschiedenen Farben.

schenken	danken	Dank
Krankheit	verdanken	verschenken
Geschenkband	dankbar	erkranken
krank	krankhaft	Geschenk

② Schreibe die Wortfamilien auf.

③ Finde den Fehler mithilfe des Wortes der Wortfamilie. Unterstreiche.

1. Wir müssen uns vor Erkältungen schüzen.   **Schutz**

2. Ich möchte mit dir mitfaren.   **Fahrer**

3. Kennst du den schnellsten Läuver?   **laufen**

4. Bist du Lehser in der Bibliothek?   **lesen**

④ Schreibe jedes Wort richtig auf.

So schätze ich mich ein					
So werde ich eingeschätzt					

Wortfamilien

(1) **Finde vier Wortfamilien. Unterstreiche mit verschiedenen Farben.**

Bad	Übung	Zeiger	geben	baden	Anzeige
Übungsheft		Zeigefinger		Badewanne	
abgeben	üben	angeben	aufzeigen	Angeber	

(2) **Schreibe die Wortfamilien auf.**

(3) **Finde den Fehler mithilfe des Wortes der Wortfamilie. Unterstreiche.**

1. Im Wald wurde ich änkstlich.   **Angst**

2. Wehle dir ein Kleid aus!   **Auswahl**

3. Wer ist der Hälfer?   **helfen**

4. Das Kletergerüst ist zu hoch für mich.   **klettern**

(4) **Schreibe jedes Wort richtig auf.**

Wörter mit ä/äu

① **Setze ein: äu oder eu. Schreibe es auf, wenn du es von einem Wort ableiten kannst.**

B _____ me   kommt von _____

H _____ ser   kommt von _____

L _____ te   kommt von _____

Achtung:
Es geht
nicht
immer.

② **Setze ein: ä oder e. Schreibe es auf, wenn du es von einem Wort ableiten kannst.**

W _____ lder   kommt von _____

B _____ lle   kommt von _____

R _____ ste   kommt von _____

St _____ dte   kommt von _____

③ **Setze richtig ein: ä oder e?**

1. Man sollte öfter F _____ ste feiern und sich G _____ ste einladen.

2. Wir können _____ pfel mitbringen und leckeren Kuchen backen.

3. Für jedes Kind basteln wir ein K _____ rtchen aus g _____ lbem Papier.

4. Einer sollte ein paar B _____ lle zum Spielen mitbringen.

So schätze ich mich ein	☺	☺	☺	☹	☹
So werde ich eingeschätzt					

Wörter mit ä/äu

(1) **Setze ein: äu oder eu. Schreibe es auf, wenn du es von einem Wort ableiten kannst.**

Tr ____ me   kommt von _____

h ____ te   kommt von _____

M ____ se   kommt von _____

(2) **Setze ein: ä oder e. Schreibe es auf, wenn du es von einem Wort ableiten kannst.**

F ____ nster   kommt von _____

H ____ schen   kommt von _____

Gr ____ ser   kommt von _____

H ____ md   kommt von _____

(3) **Setze richtig ein: ä oder e?**

1. Kannst du bitte das F ____ nster öffnen?

2. Lene kauft sich die passende K ____ tte zum H ____ md.

3. Susi liegt im B ____ tt und schl ____ ft.

4. Die Mutter kauft ____ rdbeeren und K ____ kse.

Schreibung am Wortende

1   **Ergänze richtig: d oder t? Schreibe die Wörter auch in der Mehrzahl auf.**

der Wald   – *die Wälder*

der Hu ___   – die _____

der Win ___   – die _____

das Ba ___   – die _____

der Sala ___   – die _____

das Gel ___   – die _____

2   **Ergänze richtig: g oder k? Schreibe die Wörter auch in der Mehrzahl auf.**

der Fin ___   – die Finken

die Bur ___   – die _____

das Geschen ___   – die _____

der Zwer ___   – die _____

3   **Ergänze: d / t oder g / k?**

An der Wan _____ steht ein Fahrra _____ .

Gerade fliegt ein Flugzeu _____ darüber.

So schätze ich mich ein	😄	🙂	😐	🙁	☹️
So werde ich eingeschätzt					

Name: **Datum:**

Schreibung am Wortende

1 **Ergänze richtig: d oder t? Schreibe die Wörter auch in der Mehrzahl auf.**

die Han ___   – die Hände

das Klei ___   – die _____

die Wan ___   – die _____

das Ra ___   – die _____

das Hef ___   – die _____

das Kin ___   – die _____

2 **Ergänze richtig: g oder k? Schreibe die Wörter auch in der Mehrzahl auf.**

der Ste ___   – die Stege

der Zu ___   – die _____

der Flu ___   – die _____

die Ban ___   – die _____

3 **Ergänze: d / t oder g / k?**

Bei der Nachbarin wurde ein Pake _____ abgegeben.

Dort ist ein Bil _____ drin.

Es soll ein Geschen _____ sein.

Name: _____ **Datum:** _____

Satzschluss-Zeichen

1 **Ergänze die Satzschluss-Zeichen.**

Briefe aus dem Klassenbriefkasten

Liebe Frau Weiß,
ich möchte wieder neben Markus sitzen ___
Johanna

Liebe Terese,
wollen wir heute Nachmittag
zusammen spielen ___
Helene

Hallo Katja,
borgst du mir dein neues Computerspiel ___
Boris

Ein neuer Schüler

Tom ist neu in der Klasse ___
Die Kinder haben viele Fragen ___
Woher kommst du ___
Wo wohnst du ___
Wann hast du Geburtstag ___
Alle hören gut zu ___
Komm Tom, setz dich auf den
Platz neben mir ___

Deine Klasse 2b

Lieber Stefan,
sei mir bitte nicht mehr
böse ___
Lucas

2 **Schreibe zu jedem Satzschluss-Zeichen einen Satz:** . ! ?

_____
_____
_____
_____
_____

So schätze ich mich ein	😄	🙂	😐	😕	🙁
So werde ich eingeschätzt					

Richtiges Satzschlusszeichen einsetzen,
Beispiel für jede Satzart finden

Inge Schmidtke: Kompetenztests für den Deutschunterricht, 2. Klasse
© Persen Verlag

Satzschluss-Zeichen

(1) Ergänze die Satzschluss-Zeichen.

Briefe aus dem Klassenbriefkasten

Hallo Michi,
sprich bitte wieder mit mir ___
Tanja

Lieber Herr Schulz,
wann machen wir wieder
einen Klassenausflug ___
Ina

Liebe Frau Müller,
können wir mal gemeinsam in den Zoo gehen ___
Katja

Eine Mail:

Liebe Annika,
nun bist du schon vier Wochen nicht
mehr bei uns ___
Hast du dich in der neuen Klasse gut
eingelebt ___
Hast du schon Freunde gefunden ___
Denkst du manchmal an uns ___
Wir wünschen dir, dass es dir
gut geht ___
Schreib uns mal ___
       Viele Grüße
         Deine Klasse 2b

Hallo Tim,
ich möchte gern mit dir das
Baumhaus weiterbauen ___
Tom

(2) Schreibe zu jedem Satzschluss-Zeichen einen Satz: `.` `!` `?`

Abschreiben (1)

(1) **Schreibe den Text ab.**

Libellen

Libellen fliegen anders als Käfer.
Sie jagen Fliegen und andere Insekten in der Luft.
Deshalb müssen sie viel gewandter fliegen können.
Libellen haben vier Flügel.
Damit fliegen sie nach oben und unten und wechseln schnell die Richtung.
Manchmal stehen sie auch auf der Stelle, wie ein Hubschrauber.
Hast du schon einmal eine Libelle beobachtet?

(2) **Kontrolliere.**

So schätze ich mich ein	😄	🙂	😐	🙁	😟
So werde ich eingeschätzt					

Abschreiben (1)

(1) **Schreibe den Text ab.**

Regenwürmer

Regenwürmer fühlen sich in der Erde sicher.
Es macht ihnen nichts aus, wenn es dort dunkel ist.
In der Erde kriechen sie herum und suchen Futter.
Dabei bohren sie Röhren in den Boden.
Durch die Röhre gelangen Luft und Wasser in den Boden.
So haben die Pflanzen mehr Platz für ihre Wurzeln und ausreichend Wasser.
Wenn es geregnet hat, kommen die Regenwürmer aus dem Boden heraus.

(2) **Kontrolliere.**

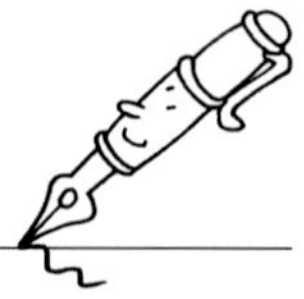

Abschreiben (2)

(1) **Schreibe den Text ab.**

Wunsch

Manchmal wäre ich gern Erfinderin.
Dann würde ich wichtige Sachen erfinden,
zum Beispiel gegen Krankheiten.
Aber ich würde auch eine lustige Maschine erfinden.
Diese Maschine bringt Mutti zum Lachen, wenn sie schimpfen will.
Sie räumt auch mein Zimmer auf und macht meine Hausaufgaben.
Aber wenn ich groß bin, werde ich Seefahrerin.

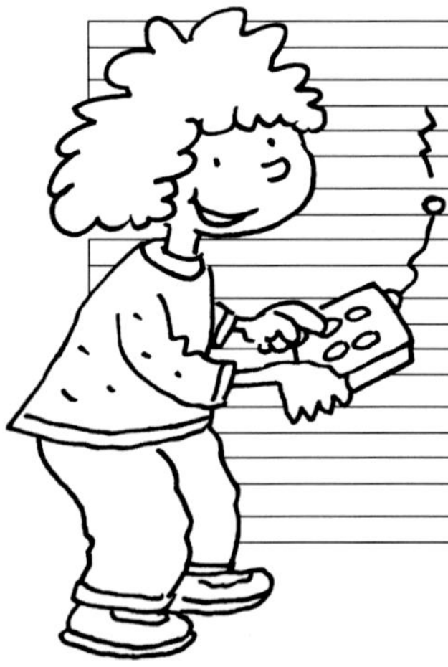

(2) **Kontrolliere.**

So schätze ich mich ein	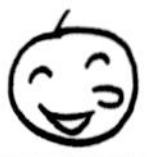 😊	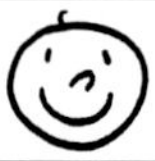 🙂	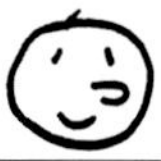 😐	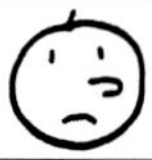 🙁	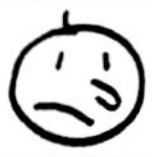 😞
So werde ich eingeschätzt					

Name: _____   **Datum:** _____

Abschreiben (2)

(1) **Schreibe den Text ab.**

Im Mittelalter

Damals ging es auf den Burgen oft laut zu,
auch bei Tisch.
Schlimmer war noch, wie die Ritter aßen.
Sie nahmen sich das Fleisch mit den Fingern
aus der Schüssel und tunkten es in Soßen und Gewürze.
Die Knochen wurden einfach unter den Tisch geworfen,
manchmal dem anderen ans Bein.
Mit den Tischnachbarn hat man sich oft einen Löffel oder Becher geteilt.
Mit dem Löffel aß man dann aus der Schüssel,
die mitten auf dem Tisch stand.
Teller für jeden gab es erst später.

(2) **Kontrolliere.**

Name: _____   **Datum:** _____

Kontrollieren und korrigieren

(1) **Im Text sind alle falsch geschriebenen Wörter unterstrichen.**
Denke nach oder schlage nach. Markiere die Stelle im Wort, wo der Fehler ist.

E-Mail an Peter

Lieber Peter,
gestern haben wir in unserer <u>klasse</u> ein Apfelfest gefeiert.
In der <u>Einladunk</u> an den Hausmeister haben wir das <u>datum</u> vergessen.
Aber er kam trotzdem.
Einige Kinder haben eine Apfelgeschichten <u>vorgelessen</u>.
Wir <u>habben</u> auch Apfelspeisen zubereitet.
<u>am</u> leckersten waren die <u>Apfelschtücke</u>
mit Schokolade.
Im nächsten <u>jahr</u> wollen wir ein <u>Kartoffel fest</u> feiern.
<u>Komst</u> du auch?
<u>Fiele</u> Grüße
Nina

(2) **Schreibe den Text ohne Fehler auf.**

So schätze ich mich ein	😄	🙂	😊	🙁	😞
So werde ich eingeschätzt					

Name: _____ **Datum:** _____

Kontrollieren und korrigieren

(1) **Im Text sind alle falsch geschriebenen Wörter unterstrichen.**
Denke nach oder schlage nach. Markiere die Stelle im Wort, wo der Fehler ist.

E-Mail an Willi

Hallo Willi,
gestern haben wir die aufgaben in unserer Familie neu ferteilt.
Ich muss jetzt ale Schuhe putzen.
Mit meiner Schwester soll ich den Tisch decken und abreumen.
Wir haben uns so geeinigt, dass einer den Tisch degt, der andere räumt ihn ab.
Dabei wechseln wir uns ab.
Vati geht einkaufen und wäscht die wäsche.
für Mutti bleibt noch genug übrig.
Wie macht ihr das in eurer familie?
Bis bald
Jenny

(2) **Schreibe den Text ohne Fehler auf.**

Großschreibung

familie klein zieht um
alle sachen müssen in kisten verpackt werden.
paul soll seine dinge selbst einpacken.
mutti hat das gesagt.
in eine kiste wirft er einige bücher,
seine spiele und ein heft.
auch den kaktus und die kleine palme packt er ein.
da entdeckt er unten im schrank einen alten apfel.
ob er den apfel auch in die kiste wirft?

1 **Unterstreiche die Nomen und Satzanfänge.**

2 **Schreibe den Text richtig in dein Heft.**

3 **Trage die passenden Nomen in die Tabelle ein.**

Personen	Gegenstände	Pflanzen

So schätze ich mich ein	😄	🙂	😐	🙁	😞
So werde ich eingeschätzt					

Großschreibung

auf der Wiese
paula und hannes legen sich ins gras.
sie schauen in den himmel.
dann sucht paula klee mit vier blättern.
da sieht sie einen käfer.
hannes bleibt auf der wiese liegen.
er beobachtet einen schmetterling,
der über dem mohn fliegt.
plötzlich schreien die kinder:
„iiih, eine spinne."

1 Unterstreiche die Nomen und Satzanfänge.

2 Schreibe den Text richtig in dein Heft.

3 Trage die passenden Nomen in die Tabelle ein.

Personen	Tiere	Pflanzen

Nomen (1)

1 **Bilde die Mehrzahl.**

Einzahl	Mehrzahl
das Heft	
das Gras	
der Korb	
die Hausaufgabe	
der Drachen	
das Gefühl	

2 **Unterstreiche die Nomen.**

In der bücherei

In der bücherei kann man viele bücher ausleihen:

bücher über tiere, abenteuer oder andere länder.

Auch comics und gedichte findet man dort.

Ich möchte mir gern ein buch mit rezepten ausleihen.

3 **Schreibe den Text richtig auf.**

So schätze ich mich ein	☺	☺	☺	☹	☹
So werde ich eingeschätzt					

Nomen (1)

(1) Bilde die Mehrzahl.

Einzahl	Mehrzahl
der Fußball	
das Gespenst	
der Elefant	
das Gesicht	
der Fuchs	
der Kuss	

(2) Unterstreiche die Nomen.

glaubst du an wunder?

Gestern habe ich wundersame tiere gesehen:

ein kamel mit sieben hörnern, einen elefant

mit drei beinen, eine möwe mit rüssel.

Du meinst, das war ein traum? Stimmt nicht.

Ich habe im bett gelegen und alles auf ein blatt papier gemalt.

(3) Schreibe den Text richtig auf.

Nomen (2)

(1) **Ergänze den richtigen Artikel.**

_____ Stuhl   _____ Mädchen

_____ Pirat   _____ Nacht

_____ Wand   _____ Macht

(2) **Unterstreiche die Nomen in den Sätzen.**

1. Die Königin klettert auf eine Kastanie.

2. Der Leopard lernt in der Leseecke.

3. Der Hase läuft um die Suppe.

(3) **Schreibe die Sätze richtig auf. Denke an die Großschreibung der Nomen.**

1. Die krähe kriecht auf den mond.

_____

2. Die kartoffel sitzt im hubschrauber.

_____

3. Am fallschirm hängt ein fußball.

_____

4. Der kapitän lenkt den roller.

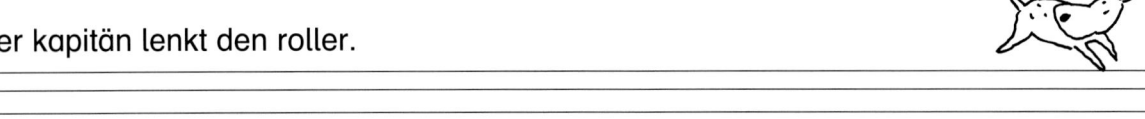

_____

So schätze ich mich ein	☺	☺	☺	☹	☹
So werde ich eingeschätzt					

Nomen (2)

(1) Ergänze den richtigen Artikel.

_____ Hunger   _____ Libelle

_____ Hausaufgabe   _____ Kaktus

_____ Elefant   _____ Stuhl

(2) Unterstreiche die Nomen in den Sätzen.

1. Die Kuh gibt dem Kuckuck einen Kuss.

2. Der Herbst malt Herzen an den Himmel.

3. Der Pirat läuft um die Erde.

(3) Schreibe die Sätze richtig auf. Denke an die Großschreibung der Nomen.

1. Das gespenst füttert die elefanten.

2. Der igel flüstert dem esel etwas zu.

3. Der frisör fliegt über dem fernseher.

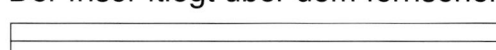

4. Der esel hat stiefel an.

Verben

(1) **Setze jeweils ein Verb in der richtigen Form ein.**

lesen

waschen

putzen

saugen

feiern

lachen

schreiben

Unsere Familie _____

Mein Bruder _____

Du _____

Die Oma _____

Meine Mutti _____

(2) **Unterstreiche im Text die Verben.**

Der Specht klopft an den Baum.

Es öffnet niemand.

Wer mag dort wohl wohnen, fragt sich der Specht.

(3) **Schreibe die Verben aus dem Text und in der Grundform auf.**

Verb im Text	Verb in der Grundform

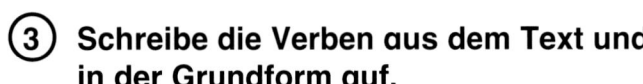

So schätze ich mich ein	😄	🙂	😐	🙁	☹️
So werde ich eingeschätzt					

Inge Schmidtke: Kompetenztests für den Deutschunterricht, 2. Klasse
© Persen Verlag

Verben

(1) **Setze jeweils ein Verb in der richtigen Form ein.**

schwimmen

rennen

hüpfen

klettern

rutschen

Mein Vater _____

Wir _____

Die Schwester _____   reiten

Der Hausmeister _____   werfen

Ich _____   boxen

tauschen

(2) **Unterstreiche im Text die Verben.**

Das Schaf schaut auf die Wiese.

Dort sieht es viel Gras.

Es lässt sich das gute Futter schmecken.

(3) **Schreibe die Verben aus dem Text und in der Grundform auf.**

Verb im Text	Verb in der Grundform

Adjektive (1)

(1) Setze passende Adjektive ein:

dumm   klug   jung

böse   alt

gut   hässlich   schön

groß

klein

eine _____ Hexe

ein _____ Prinz

ein _____ Zwerg

ein _____ Drachen

(2) Ergänze die fehlenden Adjektive.

Grundstufe	1. Steigerungsstufe	2. Steigerungsstufe
schwach		
	später	
		am riesigsten
jung		
	härter	
		am kleinsten
gut		

So schätze ich mich ein	☺	☺	😐	🙁	🙁
So werde ich eingeschätzt					

Adjektive (1)

(1) **Setze passende Adjektive ein:**

dumm   klug   jung

gut   böse   alt

hässlich   schön

groß

klein

eine _____ Fee

ein _____ Riese

eine _____ Prinzessin

eine _____ Königin

(2) **Ergänze die fehlenden Adjektive.**

Grundstufe	1. Steigerungsstufe	2. Steigerungsstufe
stark		
	älter	
		am größten
weich		
	heißer	
		am einfachsten
viel		

Adjektive (2)

(1) Setze passende Adjektive ein:

Eine seltsame Stadt

Die _____ Stadt

hat _____ Straßen

mit _____ Pflastersteinen.

An den _____ Häusern

stehen _____ Bäume.

(2) Ordne zusammengehörende Adjektive. Schreibe die Paare auf.

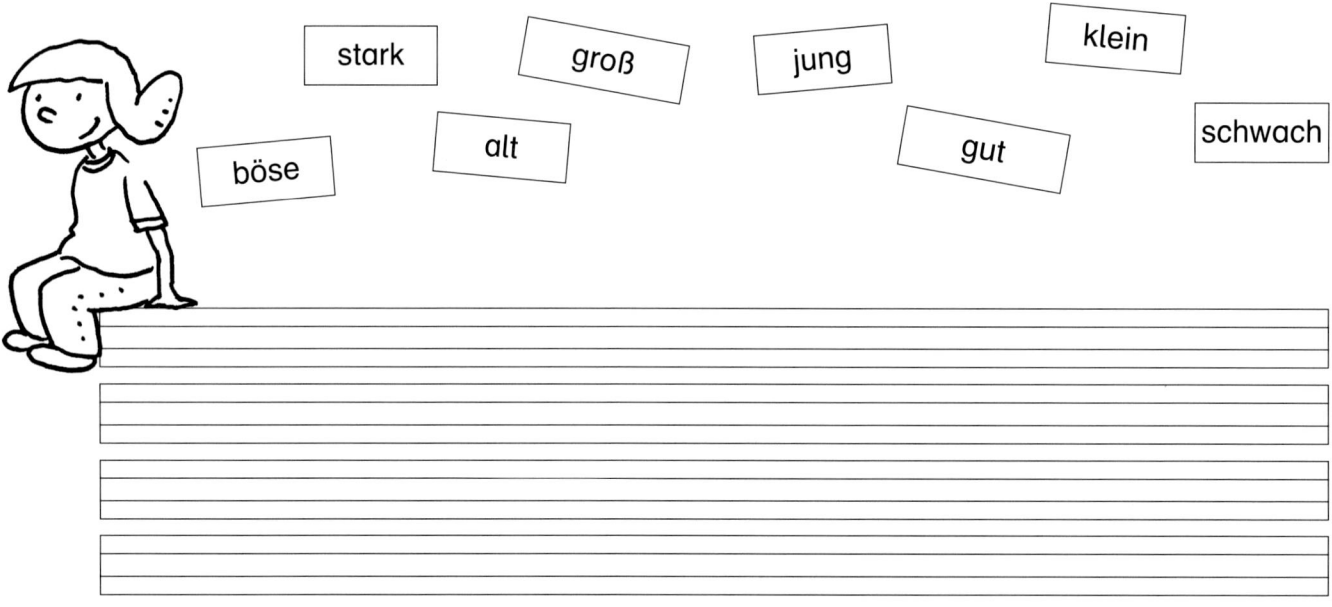

stark   groß   jung   klein

böse   alt   gut   schwach

So schätze ich mich ein	😄	🙂	😐	🙁	☹️
So werde ich eingeschätzt					

Inge Schmidtke: Kompetenztests für den Deutschunterricht, 2. Klasse
© Persen Verlag

Adjektive (2)

(1) **Setze passende Adjektive ein:**

Eine seltsame Schule

Die _____ Schule

hat _____ Türen

und _____ Fenster.

Auf dem _____ Hof

gibt es einen _____ Spielplatz.

(2) **Ordne zusammengehörende Adjektive. Schreibe die Paare auf.**

hässlich   weit   schön   hart

weich   laut   kurz   leise

Vergleichsarbeit

I. Lesen

Nichts für Papas
Lene will einen Krimi sehen.
„Krimis sind nichts für Kinder",
sagt Papa.
Lene muss ins Bett.
Sie kann nicht einschlafen.
Sie tappt durch den Flur.
Sie geht ins Wohnzimmer.
Papa schaut den Krimi und merkt nichts.
Lene tippt auf Papas Schulter.
„Hilfe", schreit Papa.
„Hilfe! Räuber!"
Mama lacht.
„Krimis sind auch nichts für Papas!", sagt sie.

1. Was will Lene sehen?
   ☐ einen Kinderfilm
   ☐ einen Krimi

2. Erlaubt ihr Papa das?
   ☐ Ja.
   ☐ Nein.

3. Warum geht Lene ins Wohnzimmer?
   ☐ weil sie nicht einschlafen kann
   ☐ weil sie Papa ärgern will

4. Wie erschreckt sie Papa?
   ☐ Sie tippt auf seine Schulter.
   ☐ Sie schreit laut.

5. Was macht Papa?
   ☐ Er sagt: „Geh ins Bett!"
   ☐ Er schreit: „Hilfe!"

6. Was tut Mama?
   ☐ Sie lacht.
   ☐ Sie schimpft.

7. Warum heißt die Geschichte: „Nichts für Papas"?

II. Sprache

1. Abschreiben

Schreibe den Text ab.

Schmetterlinge
In der Tierwelt gleichen die Kinder meistens ihren Eltern.
Bei den Schmetterlingen ist das anders.
Ein Schmetterling beginnt sein Leben als Raupe.
Die Raupe lebt auf der Erde und frisst Blätter.
Erst später verwandelt sie sich in einen Schmetterling,
der fliegt und den Nektar aus den Pflanzen saugt.

2. Nomen

Unterstreiche die Nomen.
Schreibe sie mit großem Anfangsbuchstaben auf.

Wie alle insekten beginnt der schmetterling sein leben als ei. Das weibchen klebt sie
an eine pflanze, zum beispiel an die petersilie. Nach 8–10 tagen durchnagt die kleine
raupe die hülle des eis und befreit sich.

3. Verben

Setze das Verb *beginnen* in diese Formen:

ich _____   du _____   er _____

wir _____   ihr _____   sie _____

4. Adjektive

Ergänze die fehlenden Adjektive.

Grundstufe	1. Steigerungsstufe	2. Steigerungsstufe
klein		
	länger	
		an dünnsten

5. Wortfamilien

Ordne die Wörter der richtigen Wortfamilie zu.

Fahrrad – mitfahren – Ballspiel – Fahrerin – spielerisch –
Vorfahrt – vorspielen – Spielende – wegfahren – Endspiel –
Spielminute – Fahrplan – abspielen – abfahren – Fahrpreis

spielen:

_____

_____

_____

fahren:

_____

_____

_____

6. Kontrollieren und korrigieren

**In jedem Satz ist ein Fehler unterstrichen. Denke nach.
Schreibe das Wort richtig auf.**

1. Eine kleine <u>raupe</u> kann ganz viel fressen.

2. Aber ihre <u>Haud</u> kann sich nur begrenzt dehnen.

3. So <u>schtreift</u> die Raupe sie ab.

4. Jetzt ist ihre Zeit gekommen, eine <u>Pupe</u> zu werden.

7. Satzschlusszeichen

Setze das fehlende Satzschlusszeichen ein.

1. Möchtest du noch mehr über Schmetterlinge wissen _____

2. Geh in die Bibliothek oder schau im Internet nach _____

3. Dort findest du sicher viel über diese Tiere _____

Fremdsprachen sollte man können

Eine kleine und eine große Maus
laufen über die Strandpromenade.
Da biegt eine Katze um die Ecke.
Die große Maus bleibt erschrocken stehen.
Die kleine Maus läuft weiter und bellt:
„Wau, wau!"
Da läuft die Katze davon.

Darauf sagt die kleine Maus
zur großen Maus:
„Siehste: Fremdsprachen
muss man können!"

Ursula Scheffler

Aufgaben zum Text: Fremdsprachen sollte man können

① Wer läuft über die Strandpromenade?

☐ eine kleine und eine große Katze
☒ eine kleine und eine große Maus
☐ eine kleine und eine große Made

② Wer biegt um die Ecke?

☒ eine Katze
☐ ein Kater
☐ eine Maus

③ Was macht die große Maus?

☐ läuft weiter
☐ bleibt nicht stehen
☒ bleibt erschrocken stehen

④ Was macht die kleine Maus?

☒ Bellt: „Wau, wau!"
☐ Miaut: „Miau, Miau!"
☐ bleibt erschrocken stehen

⑤ Wie ist die kleine Maus?

☐ ängstlich
☐ ordentlich
☒ schlau

⑥ Was meint die kleine Maus mit „Fremdsprachen muss man können!"?

⑦ Was ist eine Strandpromenade?

So schätze ich mich ein	😄	🙂	😐	😕	🙁
So werde ich eingeschätzt					

Wenn ich groß bin

Wenn ich groß bin, werde ich Seefahrerin!
Dann entdecke ich eine
geheimnisvolle Insel.
Dort kämpfe ich mit wilden Bestien
und fleischfressenden Pflanzen,
mit Regen und Wind.
Auf einmal finde ich seltsame Spuren
im Sand,
die sind ... von einem Riesenvogel.
Der packt mich und entführt mich
in die Lüfte.

Weit draußen schmeißt er mich ins Meer.
Da sinke ich bis auf den Grund,
wo eine alte Schatztruhe liegt.
Ein Delfin rettet mich
und bringt mich zurück in mein Boot.
Der Delfin wird mein Freund
und zusammen heben wir den Schatz.

Erhard Dietl

Aufgaben zum Text: Wenn ich groß bin

① Was möchte das Kind werden,
wenn es groß ist?

☐ Kapitän
☒ Seefahrerin
☐ Seefahrer

② Was will es entdecken?

☐ eine gemeine Insel
☐ eine geheime Insel
☒ eine geheimnisvolle Insel

③ Von wem findet es Spuren im Sand?

☒ von einem Riesenvogel
☐ von wilden Bestien
☐ von einem Delfin

④ Was macht der Delfin?

☒ rettet das Kind
☐ wirft das Kind ins Meer
☐ schwimmt mit dem Schatz weg

⑤ Was wird der Delfin?

☐ ein Schatz
☒ ein Freund
☐ ein Feind

⑥ Woran merkst du, dass das Kind sich alles nur vorstellt?

⑦ Ist das Kind ein Mädchen oder ein Junge? Schreibe das Wort auf, dass es dir verrät.

Geht nicht

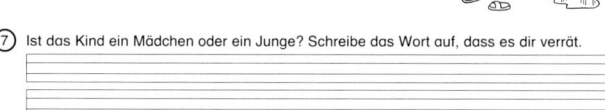

Lene und Peter spielen.
Im Kinderzimmer ist ein Laden.
Lene will einen kleinen Bruder kaufen.
„Der da ist genau richtig,
den nehme ich", sagt sie
und zeigt auf Peter.
Später streiten Peter und Lene.
„Ich bringe dich zurück!", schreit Lene.
„Ich tausche dich um!"

Aber das geht nicht,
weil das Abendbrot fertig ist.
Nachher im Bett erzählen sich
Lene und Peter Gruselgeschichten.
Sie kriechen unter die Decke
und kichern und fürchten sich.
„Ich tausche dich doch nicht um", sagt Lene.
„Die Geschäfte haben ja auch schon zu",
sagt Peter.

Frauke Nahrgang

Aufgaben zum Text: Geht nicht

① Was stimmt?

☐ Lene und Peter speisen.
☒ Lene und Peter spielen.

☒ Sie spielen im Kinderzimmer.
☐ Sie spielen draußen.

☐ Lene will ein Spielzeug kaufen.
☒ Lene will einen Bruder kaufen.

☒ Später streiten sie sich.
☐ Später stoßen sie sich.

☐ Im Bett erzählen sie sich
Indianergeschichten.
☒ Im Bett erzählen sie sich
Gruselgeschichten.

② Warum schreit Lene: „Ich tausche dich um!"?
☐ weil sie sich mit Peter vertragen hat
☒ weil sie sich mit Peter gestritten hat
☐ weil sie sich mit Peter gefürchtet hat

③ Warum sagt sie später:
„Ich tausche dich doch nicht um."?
☒ weil sie zusammen kichern und sich fürchten
☐ weil sie sich weiter gestritten haben
☐ weil er sie gekitzelt hat

④ Was machen Lene und Peter nach dem Abendbrot?

⑤ Was meint Peter mit dem Satz: „Die Geschäfte haben ja auch schon zu."?

So schätze ich mich ein	😄	🙂	😐	😕	🙁
So werde ich eingeschätzt					

Vorsicht!

Die Schule ist aus.
Es regnet.
Opa steht vor der Klasse.
Mit einem großen Regenschirm.
„Du hast aber einen netten Opa",
sagt Frau Krüger.
Peter schüttelt den Kopf.
„Das ist kein netter Opa.
Das ist ein stinke-doofer Opa", sagt er.

Er zieht den Opa beiseite und
flüstert ihm ins Ohr:
„Bei der müssen wir vorsichtig sein.
Mein Zwergenbild hat ihr auch
so gut gefallen.
Und dann hat sie gebettelt und gebettelt.
Bis ich es ihr schenken musste."

Frauke Nahrgang

Aufgaben zum Text: Vorsicht!

① Was stimmt?

☐ Die Schule fängt an.
☒ Die Schule ist aus.

☒ Es regnet.
☐ Es schneit.

☒ Opa hat einen Regenschirm.
☐ Opa hat einen Sonnenschirm.

☒ Die Lehrerin Frau Krüger findet
den Opa nett.
☐ Die Lehrerin Frau Krüger findet
den Opa nicht nett.

② Was musste Peter mit dem Zwergenbild machen?

☒ Es Frau Krüger schenken.
☐ Bei Frau Krüger darum betteln.
☐ Es dem Opa zeigen.

③ Warum sagt Peter zu Frau Krüger: „Das ist ein stinke-doofer Opa."?

④ Warum heißt die Geschichte wohl „Vorsicht!"?

Inge Schmidtke: Kompetenztests für den Deutschunterricht, 2. Klasse
© Persen Verlag

Schiffe in der Stadt

In den Ferien besucht Lisa
ihren Vetter Alex in Hamburg.
Beide stehen am Ufer der Elbe.
Plötzlich schallt eine Stimme
aus einem Lautsprecher.
„Der Frachter wird begrüßt", sagt Alex.
Lisa staunt über das riesige Schiff
mit den vielen großen Kisten.
„Das Schiff hat Container aus China
geladen", sagt Alex.
„Woher weißt du das?", fragt Lisa erstaunt.

„Dort hinten ist eine rote Flagge mit
Sternen", erklärt Alex.
Jetzt ertönt Musik aus dem Lautsprecher.
„Ist das denn auch chinesische Musik?",
fragt Lisa.
„Sicher", sagt Alex.
„Jedes Schiff, das in den Hamburger Hafen
fährt, wird mit seiner Nationalhymne
begrüßt."
Lisa staunt: Riesige Schiffe mitten in einer
großen Stadt.

Aufgaben zum Text: Schiffe in der Stadt

1. Unterstreiche im Text mit verschiedenen
   Farben.

   ☐ Wen besucht Lisa in den Ferien?
   ☐ In welcher Stadt sind die beiden?
   ☐ Wo stehen sie?
   ☐ Woher kommt Musik?
   ☐ Was hat das Schiff geladen?
   ☐ Wie wird jedes Schiff begrüßt,
     das den Hamburger Hafen ansteuert?

2. Was ist ein Frachter? Welche Wörter im Text helfen dir?

3. Woher weiß Alex, dass das Schiff aus China kommt?

4. Worüber staunt Lisa?

So schätze ich mich ein	☺	☺	☺	☺	☺
So werde ich eingeschätzt					

Mugabo

Lukas kennt Mugabo nicht.
Doch seit die Lehrerin von ihm erzählt hat,
versucht er, ihn sich vorzustellen.
Mugabo ist acht Jahre alt, wie Lukas.
Er wohnt in Afrika.

Auf dem Bild, das die Lehrerin von
Mugabo besitzt, hat er krause Haare
und dunkle Haut.
Er lacht und zeigt seine weißen Zähne.
Mugabo wohnt mit seinen Eltern und
fünf Geschwister in einem Haus aus
getrockneten Lehmziegeln.
Seine Eltern haben es selbst gebaut.
Es besteht aus zwei Räumen.
Mugabo hat kein Bett.
Er schläft auf einer Strohmatte am Boden.

Mugabos älterer Bruder bringt ihm
Schreiben und Lesen bei.
Rechnen hat er mit seinen Fingern
und Zehen gelernt.
Mugabo möchte gern zur Schule gehen.
Aber der Vater ist nicht reich genug,
um das Schulgeld für mehrere Kinder
zu bezahlen.
Lukas fällt es schwer, sich Kinder
vorzustellen, die nicht in die Schule
zu gehen brauchen.
Das wünscht er sich oft.
Soll er sie beneiden?

Max Bolliger

Aufgaben zum Text: Mugabo

1. Unterstreiche im Text.

   ☐ Wer hat von Mugabo erzählt?   ☐ Wo wohnt er?
   ☐ Wie alt ist Mugabo?   ☐ Wo schläft er?
   ☐ Wie sieht er aus?   ☐ Wer bringt ihm Lesen und Schreiben bei?

2. Wie wohnt Mugabo?

3. Warum kann Mugabo nicht in die Schule gehen?

4. Worüber denkt Lukas nach?

Indianer

„Was ist das für ein Buch?", fragt Lotti.
Jan liegt auf seinem Bett und liest ein dickes Buch.
„Was ist das für ein Buch?", fragt Lotti noch mal.
Aber Jan murmelt nur: „Lass mich in Ruhe."
5 Lotti findet das gemein.
Sie will auch gerne so dicke Bücher lesen.
Aber ein Buch würde mindestens drei Jahre dauern.
Lotti ist das jetzt zu blöd.
Sie reißt Jan das Buch einfach aus der Hand.
10 „Bist du bescheuert?
Das war gerade total spannend!", ruft Jan wütend.
Lotti guckt sich das Buch an.
Vorne drauf ist ein Indianer.
Und darüber steht: Winnetou.
15 Was soll denn das heißen?
„Gib das sofort zurück!"
Jan will ihr das Buch wieder wegnehmen.
Aber Lotti gibt es nicht her.
Ein wilder Kampf geht los.
20 Und mitten in dem Kampf rutscht das Buch hinters Bett.
„Das hast du jetzt davon!"
Am liebsten würde Jan Lotti verhauen.
Aber das Buch ist wichtiger.
Jan versucht, es wieder hervorzuholen.
25 Doch seine Hand bleibt stecken.
Lottis Hand ist kleiner.
Die könnte bis zum Buch kommen.
„Bitte! Hol das Buch wieder hoch!"
Jan ist plötzlich ganz nett. Aber Lotti noch nicht.
30 „Nur, wenn du mir dann vorliest."
„Na gut", sagt Jan.
Da holt Lotti das Buch. Sie legt sich neben Jan.
Und Jan liest ihr tolle, spannende und
sehr lange Indianer-Geschichten vor.

35
Milena Baisch

Aufgaben zum Text: Indianer

1. Was macht Jan?
   ☒ liest auf dem Bett ein dickes Buch
   ☐ liegt auf dem Bett und schläft

2. Was macht Lotti?
   ☐ stößt Jan
   ☒ stört Jan

---

3. Warum will Jan in Ruhe gelassen werden?
   ☐ weil das Buch so langweilig ist
   ☒ weil das Buch so spannend ist

4. Warum findet Lotti das gemein?

5. Warum dauert das Lesen bei Lotti mindestens drei Jahre?

6. Was erfährst du über das Buch?

7. Wie kommt es zum Streit?

8. Was passiert dabei mit dem Buch?

9. Warum kann Jan es nicht hervorholen?

10. Warum ist er jetzt nett zu Lotti?

11. Wie endet die Geschichte?

So schätze ich mich ein	☺	☺	☺	☺	☺
So werde ich eingeschätzt					

Aufgaben zum Text: Das Nachrichtenband

1. Wo wohnt Micha?
   ☐ im fünften Stock eines Hochhauses
   ☒ im neunten Stock eines Hochhauses

2. Warum kennt er niemanden?
   ☒ weil er vor drei Wochen erst eingezogen ist
   ☐ weil sich seit Jahren niemand dort kennt

3. Welche Idee hat er, um die anderen Kinder kennenzulernen?
   ☒ einen Zettel schreiben
   ☐ im Haus umhergehen

4. Welche Antwort bekommt er von Petra?

5. Was leiht Micha ihr aus?

6. Welche Gegenstände wandern noch an der Hauswand entlang?

7. Welche Kinder lernt Micha so kennen?

8. Was meint Petras Vater dazu?

9. Wie denkst du über Michas Idee?

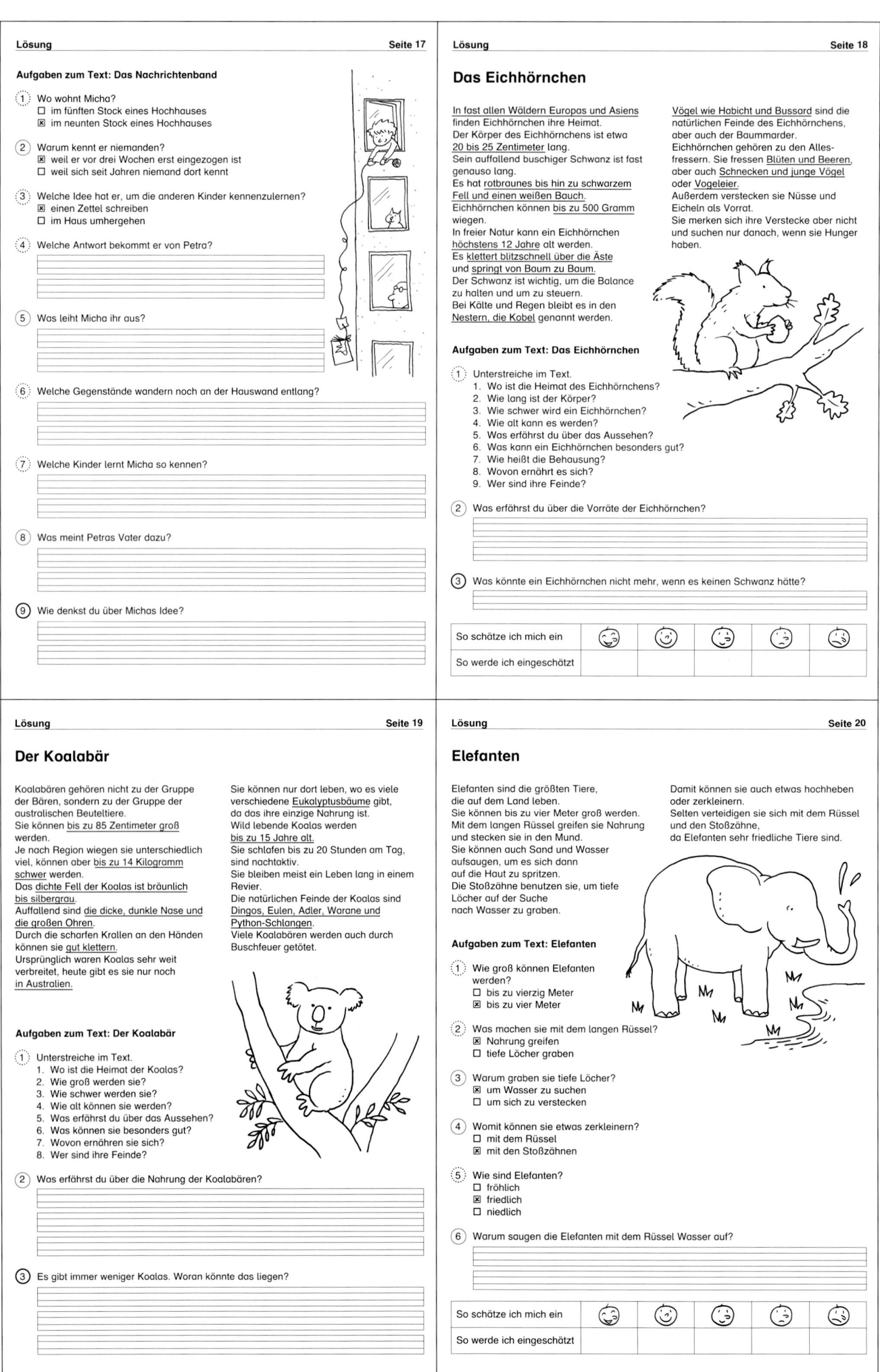

Das Eichhörnchen

In fast allen Wäldern Europas und Asiens finden Eichhörnchen ihre Heimat.
Der Körper des Eichhörnchens ist etwa 20 bis 25 Zentimeter lang.
Sein auffallend buschiger Schwanz ist fast genauso lang.
Es hat rotbraunes bis hin zu schwarzem Fell und einen weißen Bauch.
Eichhörnchen können bis zu 500 Gramm wiegen.
In freier Natur kann ein Eichhörnchen höchstens 12 Jahre alt werden.
Es klettert blitzschnell über die Äste und springt von Baum zu Baum.
Der Schwanz ist wichtig, um die Balance zu halten und um zu steuern.
Bei Kälte und Regen bleibt es in den Nestern, die Kobel genannt werden.

Vögel wie Habicht und Bussard sind die natürlichen Feinde des Eichhörnchens, aber auch der Baummarder.
Eichhörnchen gehören zu den Allesfressern. Sie fressen Blüten und Beeren, aber auch Schnecken und junge Vögel oder Vogeleier.
Außerdem verstecken sie Nüsse und Eicheln als Vorrat.
Sie merken sich ihre Verstecke aber nicht und suchen nur danach, wenn sie Hunger haben.

Aufgaben zum Text: Das Eichhörnchen

1. Unterstreiche im Text.
   1. Wo ist die Heimat des Eichhörnchens?
   2. Wie lang ist der Körper?
   3. Wie schwer wird ein Eichhörnchen?
   4. Wie alt kann es werden?
   5. Was erfährst du über das Aussehen?
   6. Was kann ein Eichhörnchen besonders gut?
   7. Wie heißt die Behausung?
   8. Wovon ernährt es sich?
   9. Wer sind ihre Feinde?

2. Was erfährst du über die Vorräte der Eichhörnchen?

3. Was könnte ein Eichhörnchen nicht mehr, wenn es keinen Schwanz hätte?

So schätze ich mich ein	☺	☺	☺	☹	☹
So werde ich eingeschätzt					

Der Koalabär

Koalabären gehören nicht zu der Gruppe der Bären, sondern zu der Gruppe der australischen Beuteltiere.
Sie können bis zu 85 Zentimeter groß werden.
Je nach Region wiegen sie unterschiedlich viel, können aber bis zu 14 Kilogramm schwer werden.
Das dichte Fell der Koalas ist bräunlich bis silbergrau.
Auffallend sind die dicke, dunkle Nase und die großen Ohren.
Durch die scharfen Krallen an den Händen können sie gut klettern.
Ursprünglich waren Koalas sehr weit verbreitet, heute gibt es sie nur noch in Australien.

Sie können nur dort leben, wo es viele verschiedene Eukalyptusbäume gibt, da das ihre einzige Nahrung ist.
Wild lebende Koalas werden bis zu 15 Jahre alt.
Sie schlafen bis zu 20 Stunden am Tag, sind nachtaktiv.
Sie bleiben meist ein Leben lang in einem Revier.
Die natürlichen Feinde der Koalas sind Dingos, Eulen, Adler, Warane und Python-Schlangen.
Viele Koalabären werden auch durch Buschfeuer getötet.

Aufgaben zum Text: Der Koalabär

1. Unterstreiche im Text.
   1. Wo ist die Heimat der Koalas?
   2. Wie groß werden sie?
   3. Wie schwer werden sie?
   4. Wie alt können sie werden?
   5. Was erfährst du über das Aussehen?
   6. Was können sie besonders gut?
   7. Wovon ernähren sie sich?
   8. Wer sind ihre Feinde?

2. Was erfährst du über die Nahrung der Koalabären?

3. Es gibt immer weniger Koalas. Woran könnte das liegen?

Elefanten

Elefanten sind die größten Tiere, die auf dem Land leben.
Sie können bis zu vier Meter groß werden.
Mit dem langen Rüssel greifen sie Nahrung und stecken sie in den Mund.
Sie können auch Sand und Wasser aufsaugen, um sie sich dann auf die Haut zu spritzen.
Die Stoßzähne benutzen sie, um tiefe Löcher auf der Suche nach Wasser zu graben.

Damit können sie auch etwas hochheben oder zerkleinern.
Selten verteidigen sie sich mit dem Rüssel und den Stoßzähnen, da Elefanten sehr friedliche Tiere sind.

Aufgaben zum Text: Elefanten

1. Wie groß können Elefanten werden?
   ☐ bis zu vierzig Meter
   ☒ bis zu vier Meter

2. Was machen sie mit dem langen Rüssel?
   ☒ Nahrung greifen
   ☐ tiefe Löcher graben

3. Warum graben sie tiefe Löcher?
   ☒ um Wasser zu suchen
   ☐ um sich zu verstecken

4. Womit können sie etwas zerkleinern?
   ☐ mit dem Rüssel
   ☒ mit den Stoßzähnen

5. Wie sind Elefanten?
   ☐ fröhlich
   ☒ friedlich
   ☐ niedlich

6. Warum saugen die Elefanten mit dem Rüssel Wasser auf?

So schätze ich mich ein	☺	☺	☺	☹	☹
So werde ich eingeschätzt					

Inge Schmidtke: Kompetenztests für den Deutschunterricht, 2. Klasse
© Persen Verlag

Elefanten

Elefanten leben in Afrika und Asien.
In freier Wildbahn werden Elefanten
bis zu 40 Jahre alt.
In Herden wandern sie weite Wege,
um Nahrung zu suchen.
Sie ernähren sich von Pflanzen, wie zum
Beispiel von Blättern an den Bäumen oder
Gras.
Mit den Stoßzähnen können sie aber auch
Rinde von den Bäumen schaben.

Sie besitzen nur vier Zähne,
die nachwachsen können.
Wenn sie mit den großen Ohren wackeln,
fächeln sie sich Luft zu.
Sie verständigen sich untereinander
mit Lauten und mit Bewegungen
ihres Rüssels und ihrer Ohren.

Aufgaben zum Text: Elefanten

1. Wie alt können Elefanten werden?
   ☐ vier Jahre
   ☒ vierzig Jahre

2. Was tun sie, um Nahrung zu suchen?
   ☐ tiefe Löcher graben
   ☒ weite Wege wandern

3. Wovon ernähren sie sich?
   ☒ von Blättern und Gras
   ☐ von Pflanzen und Tieren

4. Warum wackeln sie mit den Ohren?
   ☒ um sich Luft zuzufächeln
   ☐ um besser zu hören

5. Was können sie mit den Stoßzähnen tun?
   ☐ weiches Holz fressen
   ☒ Rinde von den Bäumen schaben

6. Womit verständigen sie sich?

Fliegen wie ein Hubschrauber

Libellen haben vier Flügel
und fliegen auch ganz anders als Käfer.
Sie fliegen nach oben, unten,
wechseln schnell die Richtung
und stehen auch schon mal auf der Stelle,
wie ein Hubschrauber.
Libellen jagen Fliegen
und andere Insekten in der Luft.
Sie müssen daher viel gewandter fliegen können
als der plumpe Maikäfer,
der sich nur von grünen Blättern ernährt.

Kim Taylor

Aufgaben zum Text: Fliegen wie ein Hubschrauber

1. Wie viele Flügel haben Libellen?
   ☐ zwei
   ☒ vier

2. Was jagen sie?
   ☒ Fliegen und andere Insekten
   ☐ Mücken und andere Insekten

3. Wovon ernährt sich der Maikäfer?
   ☒ von Blättern
   ☐ von Blüten

4. Was bedeutet gewandt?
   ☒ wendig und geschickt
   ☐ plump und ungeschickt

5. Warum müssen Libellen gewandter fliegen können als der Maikäfer?

6. Wie fliegen Libellen?

Aufgaben zu den Texten: Tiere

Beantworte die Fragen.

Fragen	die Giraffe	das Zebra
Wo leben sie?	Afrika	Afrika (Osten/Süden)
Wovon ernähren sie sich?	Pflanzen (Blätter/Gräser)	Gräser, Kräuter
Wie sehen sie aus?	Langer Hals, Kopf mit Hörnern, lange Beine, braun-gelb geflecktes Fell	schwarz-weiße Streifen auf Fell
Wie alt können sie werden?	28 Jahre	20-40 Jahre
Wie leben sie?	in Herden	in Herden
Was erfährst du über die Nachkommen?	15 Monate Tragezeit, bei Geburt 2 m	1 Jahr Tragezeit
Wie groß werden sie?	bis zu 6 Meter	bis 155 Zentimeter
Was erfährst du über ihre Feinde?	haben keine Feinde	Hyänen und Löwen

2. Vergleiche. Welche Gemeinsamkeiten stellst du fest?

Abc

1. Welcher Buchstabe geht im Abc voran? Welcher folgt?

   _A_ **B** _C_   _G_ **H** _I_   _V_ **W** _X_   _J_ **K** _L_

   _L_ **M** _N_   _W_ **X** _Y_   _C_ **D** _E_   _N_ **O** _P_

2. Ordne die Namenwörter (Nomen) nach dem Alphabet.

   Spiel – Gespenst – Mutter – Klasse – Computer – Zeitung – Buch – Lampe

   Buch, Computer, Gespenst, Klasse, Lampe, Mutter, Spiel, Zeitung

3. Ordne diese Wörter nach dem Alphabet.

   Delfin – Boot – Berg – Auto – Ball

   Auto, Ball, Berg, Boot, Delfin

So schätze ich mich ein		☺	☺	☺	☺
So werde ich eingeschätzt					

Abc

1 Welcher Buchstabe geht im Abc voran? Welcher folgt?

B C D   H I J   U V W   M N O

K L M   N O P   D E F   F G H

2 Ordne die Namenwörter (Nomen) nach dem Alphabet.

September – Wald – Mädchen – Ferien – Jungen – Boot – Eis – Ampel

Ampel, Boot, Eis, Ferien, Jungen, Mädchen, September, Wald

3 Ordne diese Wörter nach dem Alphabet.

Katze – Januar – Donnerstag – Kino – Koffer

Donnerstag, Januar, Katze, Kino, Koffer

Wörterliste (2)

1 Suche die Wörter in der Wörterliste. Schreibe sie auf.

Sonne   Katze   Koffer   Fuß   Messer

Schiff   Schuh   Bett   Roller

2 Jedes Wort ist falsch geschrieben. Korrigiere es mit der Wörterliste.

erzehlen	*erzählen*
Klein	*klein*
(das) Har	*das Haar*
dises	*dieses*
(der) Löfel	*der Löffel*
(der) Sebtember	*der September*
(die) Köbfe	*die Köpfe*
(sie) fengt	*sie fängt*

3 Finde den richtigen Anfangsbuchstaben.

Schlage in der Wörterliste nach. **F** oder **V** ?

F ernseher   V ater   V ogel

F amilie   F reund   F oto

So schätze ich mich ein	☺	☺	☺	☺	☺
So werde ich eingeschätzt					

Wörterliste (2)

1 Suche die Wörter in der Wörterliste. Schreibe sie auf.

Wolke   Schlüssel   Käfer   Eis   Blume

Zug   Lampe   Hund   Löffel

2 Jedes Wort ist falsch geschrieben. Korrigiere es mit der Wörterliste.

(der) Mei	*der Mai*
(die) Pupe	*die Puppe*
(der) Plann	*der Plan*
märken	*merken*
schnel	*schnell*
weis	*weiß*
(sie) schigt	*sie schickt*
(die) Hunnde	*die Hunde*

3 Finde den richtigen Anfangsbuchstaben.

Schlage in der Wörterliste nach. **C** oder **K** ?

C omputer   K uchen   K atze

K ino   C ent   C omic

Wortfamilien

1 Finde drei Wortfamilien. Unterstreiche mit verschiedenen Farben.

schenken	danken	Dank
Krankheit	verdanken	verschenken
Geschenkband	dankbar	erkranken
krank	krankhaft	Geschenk

2 Schreibe die Wortfamilien auf.

schenken, verschenken, Geschenk, Geschenkband

danken, dankbar, Dank, verdanken

Krankheit, krank, erkranken, krankhaft

3 Finde den Fehler mithilfe des Wortes der Wortfamilie. Unterstreiche.

1. Wir müssen uns vor Erkältungen schüzen.	**Schutz**
2. Ich möchte mit dir mitfaren.	**Fahrer**
3. Kennst du den schnellsten Läuver?	**laufen**
4. Bist du Lehser in der Bibliothek?	**lesen**

4 Schreibe jedes Wort richtig auf.

schützen, mitfahren, Läufer, lager, Leser

So schätze ich mich ein	☺	☺	☺	☺	☺
So werde ich eingeschätzt					

Inge Schmidtke: Kompetenztests für den Deutschunterricht, 2. Klasse
© Persen Verlag

Wortfamilien

1   **Finde vier Wortfamilien. Unterstreiche mit verschiedenen Farben.**

Bad	Übung	Zeiger	geben	baden	Anzeige
	Übungsheft	Zeigefinger		Badewanne	
abgeben	üben	angeben	aufzeigen	Angeber	

2   **Schreibe die Wortfamilien auf.**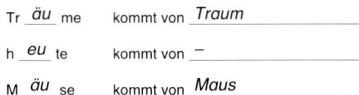

Bad, Badewanne

Übung, Übungsheft

Zeiger, Anzeige, aufzeigen, Zeigefinger

geben, abgeben, angeben, Angeber

3   **Finde den Fehler mithilfe des Wortes der Wortfamilie. Unterstreiche.**

1. Im Wald wurde ich <u>änkstlich</u>.   **Angst**

2. <u>Wehle</u> dir ein Kleid aus!   **Auswahl**

3. Wer ist der <u>Hälfer</u>?   **helfen**

4. Das <u>Kletergerüst</u> ist zu hoch für mich.   **klettern**

4   **Schreibe jedes Wort richtig auf.**

ängstlich, Wähle, Helfer, Klettergerüst

Wörter mit ä/äu

1   **Setze ein: äu oder eu. Schreibe es auf, wenn du es von einem Wort ableiten kannst.**

B _äu_ me   kommt von _Baum_

H _äu_ ser   kommt von _Haus_

L _eu_ te   kommt von _—_

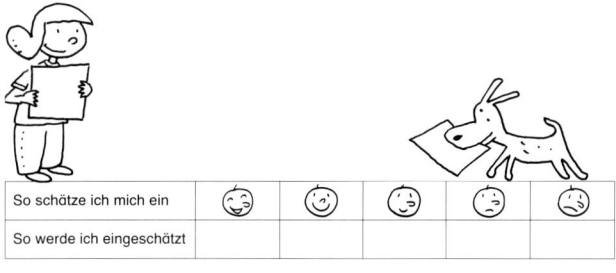

Achtung: Es geht nicht immer.

2   **Setze ein: ä oder e. Schreibe es auf, wenn du es von einem Wort ableiten kannst.**

W _ä_ lder   kommt von _Wald_

B _ä_ lle   kommt von _Ball_

R _e_ ste   kommt von _Rest_

St _ä_ dte   kommt von _Stadt_

3   **Setze richtig ein: ä oder e?**

1. Man sollte öfter F _e_ ste feiern und sich G _ä_ ste einladen.

2. Wir können _Ä_ pfel mitbringen und leckeren Kuchen backen.

3. Für jedes Kind basteln wir ein K _ä_ rtchen aus g _e_ lbem Papier.

4. Einer sollte ein paar B _ä_ lle zum Spielen mitbringen.

So schätze ich mich ein	😄	🙂	😐	🙁	😞
So werde ich eingeschätzt					

Wörter mit ä/äu

1   **Setze ein: äu oder eu. Schreibe es auf, wenn du es von einem Wort ableiten kannst.**

Tr _äu_ me   kommt von _Traum_

h _eu_ te   kommt von _—_

M _äu_ se   kommt von _Maus_

2   **Setze ein: ä oder e. Schreibe es auf, wenn du es von einem Wort ableiten kannst.**

F _e_ nster   kommt von _—_

H _ä_ schen   kommt von _Hase_

Gr _ä_ ser   kommt von _Gras_

H _e_ md   kommt von _—_

3   **Setze richtig ein: ä oder e?**

1. Kannst du bitte das F _e_ nster öffnen?

2. Lene kauft sich die passende K _e_ tte zum H _e_ md.

3. Susi liegt im B _e_ tt und schl _ä_ ft.

4. Die Mutter kauft _E_ rdbeeren und K _e_ kse.

Schreibung am Wortende

1   **Ergänze richtig? d oder t? Schreibe die Wörter auch in der Mehrzahl auf.**

der Wald	–	die Wälder
der Hu _t_	–	die _Hüte_
der Win _d_	–	die _Winde_
das Ba _d_	–	die _Bäder_
der Sala _t_	–	die _Salate_
das Gel _d_	–	die _Gelder_

2   **Ergänze richtig? g oder k? Schreibe die Wörter auch in der Mehrzahl auf.**

der Fin _k_	–	die Finken
die Bur _g_	–	die _Burgen_
das Geschen _k_	–	die _Geschenke_
der Zwer _g_	–	die _Zwerge_

3   **Ergänze: d / t oder g / k?**

An der Wan _d_ steht ein Fahrra _d_.

Gerade fliegt ein Flugzeu _g_ darüber.

So schätze ich mich ein	😄	🙂	😐	🙁	😞
So werde ich eingeschätzt					

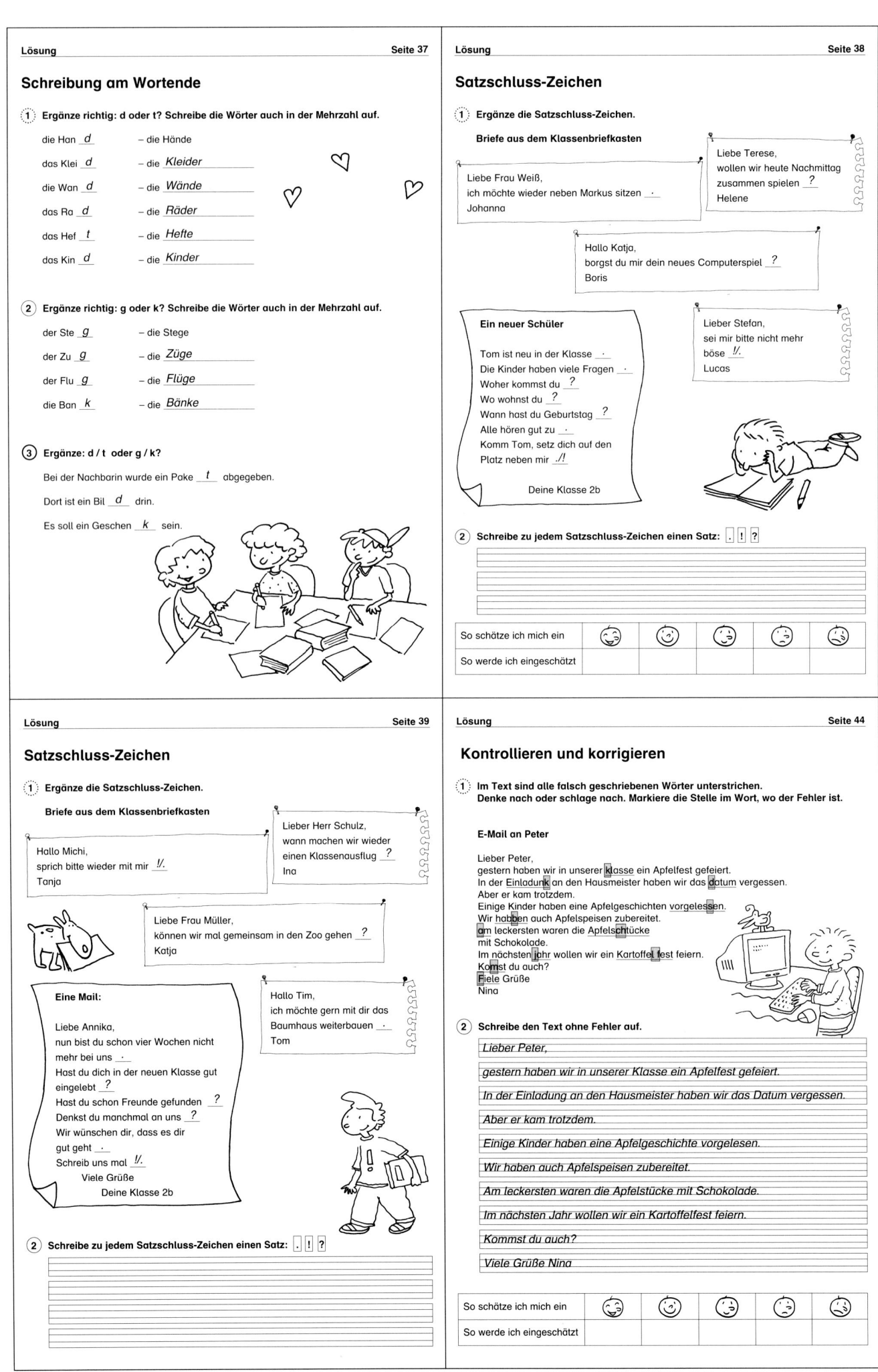

Schreibung am Wortende

1. **Ergänze richtig: d oder t? Schreibe die Wörter auch in der Mehrzahl auf.**

   die Han __d__ – die Hände

   das Klei __d__ – die *Kleider*

   die Wan __d__ – die *Wände*

   das Ra __d__ – die *Räder*

   das Hef __t__ – die *Hefte*

   das Kin __d__ – die *Kinder*

2. **Ergänze richtig: g oder k? Schreibe die Wörter auch in der Mehrzahl auf.**

   der Ste __g__ – die Stege

   der Zu __g__ – die *Züge*

   der Flu __g__ – die *Flüge*

   die Ban __k__ – die *Bänke*

3. **Ergänze: d / t oder g / k?**

   Bei der Nachbarin wurde ein Pake __t__ abgegeben.

   Dort ist ein Bil __d__ drin.

   Es soll ein Geschen __k__ sein.

Satzschluss-Zeichen

1. **Ergänze die Satzschluss-Zeichen.**

   Briefe aus dem Klassenbriefkasten

   Liebe Frau Weiß,
   ich möchte wieder neben Markus sitzen __.__
   Johanna

   Liebe Terese,
   wollen wir heute Nachmittag
   zusammen spielen __?__
   Helene

   Hallo Katja,
   borgst du mir dein neues Computerspiel __?__
   Boris

   Ein neuer Schüler

   Tom ist neu in der Klasse __.__
   Die Kinder haben viele Fragen __.__
   Woher kommst du __?__
   Wo wohnst du __?__
   Wann hast du Geburtstag __?__
   Alle hören gut zu __.__
   Komm Tom, setz dich auf den
   Platz neben mir __./!__

   Deine Klasse 2b

   Lieber Stefan,
   sei mir bitte nicht mehr
   böse __!/.__
   Lucas

2. **Schreibe zu jedem Satzschluss-Zeichen einen Satz:** ☐. ☐! ☐?

So schätze ich mich ein	😄	🙂	😐	🙁	😟
So werde ich eingeschätzt					

Satzschluss-Zeichen

1. **Ergänze die Satzschluss-Zeichen.**

   Briefe aus dem Klassenbriefkasten

   Hallo Michi,
   sprich bitte wieder mit mir __!/.__
   Tanja

   Lieber Herr Schulz,
   wann machen wir wieder
   einen Klassenausflug __?__
   Ina

   Liebe Frau Müller,
   können wir mal gemeinsam in den Zoo gehen __?__
   Katja

   Eine Mail:

   Liebe Annika,
   nun bist du schon vier Wochen nicht
   mehr bei uns __.__
   Hast du dich in der neuen Klasse gut
   eingelebt __?__
   Hast du schon Freunde gefunden __?__
   Denkst du manchmal an uns __?__
   Wir wünschen dir, dass es dir
   gut geht __.__
   Schreib uns mal __!/.__
   Viele Grüße
   Deine Klasse 2b

   Hallo Tim,
   ich möchte gern mit dir das
   Baumhaus weiterbauen __.__
   Tom

2. **Schreibe zu jedem Satzschluss-Zeichen einen Satz:** ☐. ☐! ☐?

Kontrollieren und korrigieren

1. **Im Text sind alle falsch geschriebenen Wörter unterstrichen.**
   Denke nach oder schlage nach. Markiere die Stelle im Wort, wo der Fehler ist.

   E-Mail an Peter

   Lieber Peter,
   gestern haben wir in unserer klasse ein Apfelfest gefeiert.
   In der Einladunk an den Hausmeister haben wir das datum vergessen.
   Aber er kam trotzdem.
   Einige Kinder haben eine Apfelgeschichten vorgelessen.
   Wir habben auch Apfelspeisen zubereitet.
   am leckersten waren die Apfelschtücke
   mit Schokolade.
   Im nächsten Jahr wollen wir ein Kartoffel fest feiern.
   Komst du auch?
   Fiele Grüße
   Nina

2. **Schreibe den Text ohne Fehler auf.**

   Lieber Peter,

   gestern haben wir in unserer Klasse ein Apfelfest gefeiert.

   In der Einladung an den Hausmeister haben wir das Datum vergessen.

   Aber er kam trotzdem.

   Einige Kinder haben eine Apfelgeschichte vorgelesen.

   Wir haben auch Apfelspeisen zubereitet.

   Am leckersten waren die Apfelstücke mit Schokolade.

   Im nächsten Jahr wollen wir ein Kartoffelfest feiern.

   Kommst du auch?

   Viele Grüße Nina

So schätze ich mich ein	😄	🙂	😐	🙁	😟
So werde ich eingeschätzt					

Inge Schmidtke: Kompetenztests für den Deutschunterricht, 2. Klasse
© Persen Verlag

Kontrollieren und korrigieren

1   Im Text sind alle falsch geschriebenen Wörter unterstrichen.
Denke nach oder schlage nach. Markiere die Stelle im Wort, wo der Fehler ist.

E-Mail an Willi

Hallo Willi,
gestern haben wir die aufgaben in unserer Familie neu ferteilt.
Ich muss jetzt ale Schuhe putzen.
Mit meiner Schwester soll ich den Tisch decken und abreumen.
Wir haben uns so geeinigt, dass einer den Tisch degt, der andere räumt ihn ab.
Dabei wechseln wir uns ab.
Vati geht einkaufen und wäscht die wäsche.
für Mutti bleibt noch genug übrig.
Wie macht ihr das in eurer familie?
Bis bald
Jenny

2   Schreibe den Text ohne Fehler auf.

Hallo Willi,

gestern haben wir die Aufgaben in unserer Familie neu verteilt.

Ich muss jetzt alle Schuhe putzen.

Mit meiner Schwester soll ich den Tisch decken und abräumen.

Wir haben uns so geeinigt, dass einer den Tisch deckt,

der andere räumt ihn ab. Dabei wechseln wir uns ab.

Vati geht einkaufen und wäscht die Wäsche.

Für Mutti bleibt noch genug übrig.

Wie macht ihr das in eurer Familie?

Bis bald

Jenny

Großschreibung

familie klein zieht um
alle sachen müssen in kisten verpackt werden.
paul soll seine dinge selbst einpacken.
mutti hat das gesagt.
in eine kiste wirft er einige bücher,
seine spiele und ein heft.
auch den kaktus und die kleine palme packt er ein.
da entdeckt er unten im schrank einen alten apfel.
ob er den apfel auch in die kiste wirft?

1   Unterstreiche die Nomen und Satzanfänge.

2   Schreibe den Text richtig in dein Heft.

3   Trage die passenden Nomen in die Tabelle ein.

Personen	Gegenstände	Pflanzen
Familie	Sachen	Kaktus
Klein	Kisten	Palme
Paul	Kiste	Apfel
Mutti	Bücher	
	Spiele	
	Heft	
	Schrank	

So schätze ich mich ein	☺	☺	☺	☹	☹
So werde ich eingeschätzt					

Großschreibung

auf der Wiese
paula und hannes legen sich ins gras.
sie schauen in den himmel.
dann sucht paula klee mit vier blättern.
da sieht sie einen käfer.
hannes bleibt auf der wiese liegen.
er beobachtet einen schmetterling,
der über dem mohn fliegt.
plötzlich schreien die kinder:
„iiih, eine spinne."

1   Unterstreiche die Nomen und Satzanfänge.

2   Schreibe den Text richtig in dein Heft.

3   Trage die passenden Nomen in die Tabelle ein.

Personen	Tiere	Pflanzen
Paula	Käfer	Wiese
Hannes	Schmetterling	Gras
Kinder	Spinne	Klee
		(Blätter)
		Mohn

Nomen (1)

1   Bilde die Mehrzahl.

Einzahl	Mehrzahl
das Heft	die Hefte
das Gras	die Gräser
der Korb	die Körbe
die Hausaufgabe	die Hausaufgaben
der Drachen	die Drachen
das Gefühl	die Gefühle

2   Unterstreiche die Nomen.

In der bücherei

In der bücherei kann man viele bücher ausleihen:

bücher über tiere, abenteuer oder andere länder.

Auch comics und gedichte findet man dort.

Ich möchte mir gern ein buch mit rezepten ausleihen.

3   Schreibe den Text richtig auf.

In der Bücherei

In der Bücherei kann man viele Bücher ausleihen:

Bücher über Tiere, Abenteuer oder andere Länder.

Auch Comics und Gedichte findet man dort.

Ich möchte mir gern ein Buch mit Rezepten ausleihen.

So schätze ich mich ein	☺	☺	☺	☹	☹
So werde ich eingeschätzt					

Nomen (1)

1 Bilde die Mehrzahl.

Einzahl	Mehrzahl
der Fußball	*die Fußbälle*
das Gespenst	*die Gespenster*
der Elefant	*die Elefanten*
das Gesicht	*die Gesichter*
der Fuchs	*die Füchse*
der Kuss	*die Küsse*

2 Unterstreiche die Nomen.

glaubst du an <u>wunder</u>?

Gestern habe ich wundersame <u>tiere</u> gesehen:

ein <u>kamel</u> mit sieben <u>hörnern</u>, einen <u>elefant</u>

mit drei <u>beinen</u>, eine <u>möwe</u> mit <u>rüssel</u>.

Du meinst, das war ein <u>traum</u>? Stimmt nicht.

Ich habe im <u>bett</u> gelegen und alles auf ein <u>blatt</u> <u>papier</u> gemalt.

3 Schreibe den Text richtig auf.

Glaubst du an Wunder?

Gestern habe ich wundersame Tiere gesehen:

ein Kamel mit sieben Hörnern, einen Elefanten

mit drei Beinen, eine Möwe mit Rüssel.

Du meinst, das war ein Traum? Stimmt nicht.

Ich habe im Bett gelegen und alles auf ein Blatt Papier gemalt.

Nomen (2)

1 Ergänze den richtigen Artikel.

der Stuhl   *das* Mädchen

der Pirat   *die* Nacht

die Wand   *die* Macht

2 Unterstreiche die Nomen in den Sätzen.

1. Die <u>Königin</u> klettert auf eine <u>Kastanie</u>.

2. Der <u>Leopard</u> lernt in der <u>Leseecke</u>.

3. Der <u>Hase</u> läuft um die <u>Suppe</u>.

3 Schreibe die Sätze richtig auf. Denke an die Großschreibung der Nomen.

1. Die krähe kriecht auf den mond.

   Die Krähe kriecht auf den Mond.

2. Die kartoffel sitzt im hubschrauber.

   Die Kartoffel sitzt im Hubschrauber.

3. Am fallschirm hängt ein fußball.

   Am Fallschirm hängt ein Fußball.

4. Der kapitän lenkt den roller.

   Der Kapitän lenkt den Roller.

So schätze ich mich ein	😄	🙂	😐	🙁	😕
So werde ich eingeschätzt					

Nomen (2)

1 Ergänze den richtigen Artikel.

der Hunger   *die* Libelle

die Hausaufgabe   *der* Kaktus

der Elefant   *der* Stuhl

2 Unterstreiche die Nomen in den Sätzen.

1. Die <u>Kuh</u> gibt dem <u>Kuckuck</u> einen <u>Kuss</u>.

2. Der <u>Herbst</u> malt <u>Herzen</u> an den <u>Himmel</u>.

3. Der <u>Pirat</u> läuft um die <u>Erde</u>.

3 Schreibe die Sätze richtig auf. Denke an die Großschreibung der Nomen.

1. Das gespenst füttert die elefanten.

   Das Gespenst füttert die Elefanten.

2. Der igel flüstert dem esel etwas zu.

   Der Igel flüstert dem Esel etwas zu.

3. Der frisör fliegt über dem fernseher.

   Der Frisör fliegt über den Fernseher.

4. Der esel hat stiefel an.

   Der Esel hat Stiefel an.

Verben

1 Setze jeweils ein Verb in der richtigen Form ein.

lesen
waschen
putzen
saugen
feiern
lachen
schreiben

Unsere Familie *feiert.*

Mein Bruder *putzt.*

Du *wäschst.*

Die Oma *schreibt.*

Meine Mutti *lacht.*

2 Unterstreiche im Text die Verben.

Der Specht <u>klopft</u> an den Baum.

Es <u>öffnet</u> niemand.

Wer <u>mag</u> dort wohl <u>wohnen</u>, <u>fragt</u> sich der Specht.

3 Schreibe die Verben aus dem Text und in der Grundform auf.

Verb im Text	Verb in der Grundform
klopft	*klopfen*
öffnet	*öffnen*
mag	*mögen*
wohnen	*wohnen*
frage	*fragen*

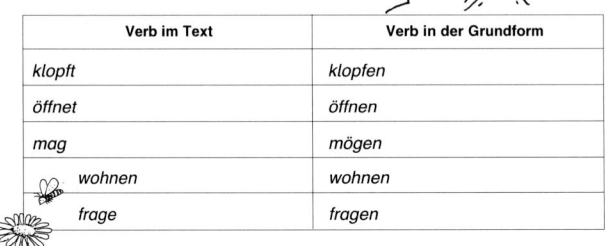

So schätze ich mich ein	😄	🙂	😐	🙁	😕
So werde ich eingeschätzt					

Inge Schmidtke: Kompetenztests für den Deutschunterricht, 2. Klasse
© Persen Verlag

Verben

1 **Setze jeweils ein Verb in der richtigen Form ein.**

schwimmen

rennen

hüpfen

klettern

rutschen

reiten

werfen

boxen

tauschen

Mein Vater _klettert._

Wir _hüpfen._

Die Schwester _reitet._

Der Hausmeister _wirft._

Ich _boxe._

2 **Unterstreiche im Text die Verben.**

Das Schaf schaut auf die Wiese.

Dort sieht es viel Gras.

Es lässt sich das gute Futter schmecken.

3 **Schreibe die Verben aus dem Text und in der Grundform auf.**

Verb im Text	Verb in der Grundform
schaue	schauen
sieht	sehen
lässt	lassen
schmecken	schmecken

Adjektive (1)

dumm　klug　jung　böse　alt　gut　hässlich　schön　groß　klein

1 **Setze passende Adjektive ein:**

eine _böse_ Hexe

ein _junger_ Prinz

ein _alter_ Zwerg

ein _großer_ Drachen

2 **Ergänze die fehlenden Adjektive.**

Grundstufe	1. Steigerungsstufe	2. Steigerungsstufe
schwach	schwächer	am schwächsten
spät	später	am spätesten
riesig	riesiger	am riesigsten
jung	jünger	am jüngsten
hart	härter	am härtesten
klein	kleiner	am kleinsten
gut	besser	am besten

So schätze ich mich ein	☺	☺	☺	☹	☹
So werde ich eingeschätzt					

Adjektive (1)

dumm　klug　jung　gut　böse　alt　hässlich　schön　groß　klein

1 **Setze passende Adjektive ein:**

eine _gute_ Fee

ein _dummer_ Riese

eine _schöne_ Prinzessin

eine _böse_ Königin

2 **Ergänze die fehlenden Adjektive.**

Grundstufe	1. Steigerungsstufe	2. Steigerungsstufe
stark	stärker	am stärksten
alt	älter	am ältesten
groß	größer	am größten
weich	weicher	am weichsten
heiß	heißer	am heißesten
einfach	einfacher	am einfachsten
viel	mehr	am meisten

Adjektive (2)

1 **Setze passende Adjektive ein:**

Eine seltsame Stadt

Die _große_ Stadt

hat _schmale_ Straßen

mit _riesigen_ Pflastersteinen.

An den _winzigen_ Häusern

stehen _kleine_ Bäume.

2 **Ordne zusammengehörende Adjektive. Schreibe die Paare auf.**

stark　groß　jung　klein　böse　alt　gut　schwach

böse – gut

stark – schwach

alt – jung

groß – klein

So schätze ich mich ein	☺	☺	☺	☹	☹
So werde ich eingeschätzt					

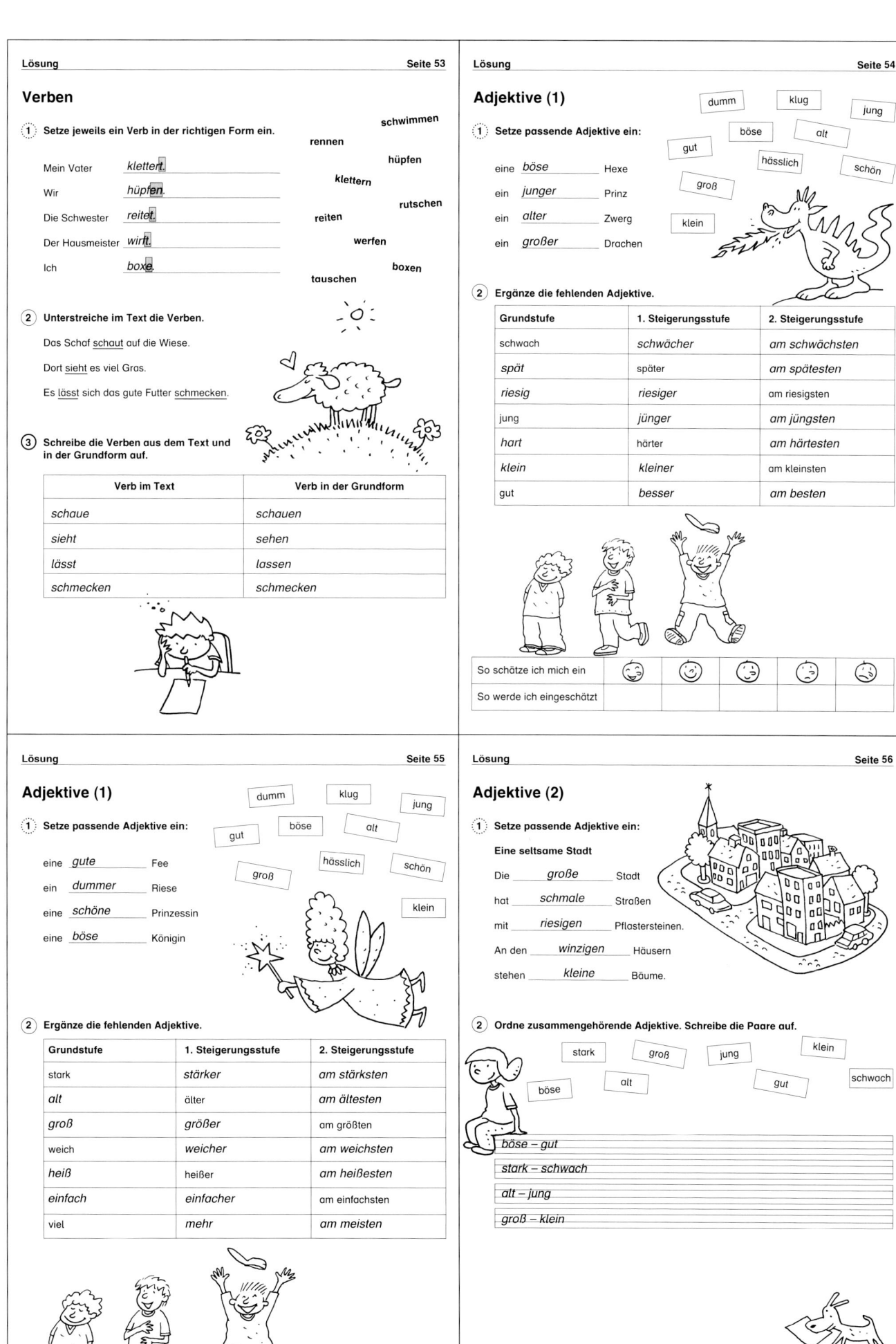

Adjektive (2)

1 Setze passende Adjektive ein:

Eine seltsame Schule

Die _____große_____ Schule

hat _____viele_____ Türen

und _____kleine_____ Fenster.

Auf dem _____schönen_____ Hof

gibt es einen _____tollen_____ Spielplatz.

2 Ordne zusammengehörende Adjektive. Schreibe die Paare auf.

| weich | hässlich | weit | schön | hart |
| laut | | kurz | | leise |

weich – hart

hässlich – schön

weit – kurz

laut – leise

Vergleichsarbeit

I. Lesen

Nichts für Papas
Lene will einen Krimi sehen.
„Krimis sind nichts für Kinder",
sagt Papa.
Lene muss ins Bett.
Sie kann nicht einschlafen.
Sie tappt durch den Flur.
Sie geht ins Wohnzimmer.
Papa schaut den Krimi und merkt nichts.
Lene tippt auf Papas Schulter.
„Hilfe", schreit Papa.
„Hilfe! Räuber!"
Mama lacht.
„Krimis sind auch nichts für Papas!", sagt sie.

1. Was will Lene sehen?
   ☐ einen Kinderfilm
   ☒ einen Krimi

2. Erlaubt ihr Papa das?
   ☐ Ja.
   ☒ Nein.

3. Warum geht Lene ins Wohnzimmer?
   ☒ weil sie nicht einschlafen kann
   ☐ weil sie Papa ärgern will

4. Wie erschreckt sie Papa?
   ☒ Sie tippt auf seine Schulter.
   ☐ Sie schreit laut.

5. Was macht Papa?
   ☐ Er sagt: „Geh ins Bett!"
   ☒ Er schreit: „Hilfe!"

6. Was tut Mama?
   ☒ Sie lacht.
   ☐ Sie schimpft.

7. Warum heißt die Geschichte: „Nichts für Papas"?

II. Sprache

1. Abschreiben

Schreibe den Text ab.

Schmetterlinge
In der Tierwelt gleichen die Kinder meistens ihren Eltern.
Bei den Schmetterlingen ist das anders.
Ein Schmetterling beginnt sein Leben als Raupe.
Die Raupe lebt auf der Erde und frisst Blätter.
Erst später verwandelt sie sich in einen Schmetterling,
der fliegt und den Nektar aus den Pflanzen saugt.

2. Nomen

Unterstreiche die Nomen.
Schreibe sie mit großem Anfangsbuchstaben auf.

Wie alle <u>insekten</u> beginnt der <u>schmetterling</u> sein <u>leben</u> als <u>ei</u>. Das <u>weibchen</u> klebt sie an eine <u>pflanze</u>, zum <u>beispiel</u> an die <u>petersilie</u>. Nach 8–10 <u>tagen</u> durchnagt die kleine <u>raupe</u> die <u>hülle</u> des <u>eis</u> und befreit sich.

Wie alle Insekten beginnt der Schmetterling sein Leben als Ei.

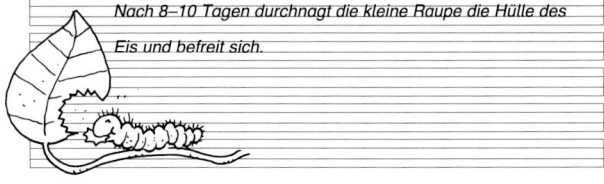
Das Weibchen klebt sie an eine Pflanze, zum Beispiel an die Petersilie.

Nach 8–10 Tagen durchnagt die kleine Raupe die Hülle des

Eis und befreit sich.

3. Verben

Setze das Verb _beginnen_ in diese Formen:

ich _beginne_   du _beginnst_   er _beginnt_

wir _beginnen_   ihr _beginnt_   sie _beginnt/beginnen_

4. Adjektive

Ergänze die fehlenden Adjektive.

Grundstufe	1. Steigerungsstufe	2. Steigerungsstufe
klein	_kleiner_	_am kleinsten_
lang	länger	_am längsten_
dünn	_dünner_	am dünnsten

5. Wortfamilien

Ordne die Wörter der richtigen Wortfamilie zu.

Fahrrad – mitfahren – Ballspiel – Fahrerin – spielerisch –
Vorfahrt – vorspielen – Spielende – wegfahren – Endspiel –
Spielminute – Fahrplan – abspielen – abfahren – Fahrpreis

spielen:

Ballspiel, spielerisch, vorspielen, Spielende, Endspiel, Spielminute,

abspielen

fahren:

Fahrrad, mitfahren, Fahrerin, Vorfahrt, wegfahren, Fahrplan, abfahren,

Fahrpreis

6. Kontrollieren und korrigieren

**In jedem Satz ist ein Fehler unterstrichen. Denke nach.
Schreibe das Wort richtig auf.**

1. Eine kleine raupe kann ganz viel fressen.

Raupe

2. Aber ihre Haud kann sich nur begrenzt dehnen.

Haut

3. So schtreift die Raupe sie ab.

streift

4. Jetzt ist ihre Zeit gekommen, eine Pupe zu werden.

Puppe

7. Satzschlusszeichen

Setze das fehlende Satzschlusszeichen ein.

1. Möchtest du noch mehr über Schmetterlinge wissen _?_

2. Geh in die Bibliothek oder schau im Internet nach _!_

3. Dort findest du sicher viel über diese Tiere _._

Quellenverzeichnis

Seite 14: Baisch, Milena: *Indianer.* Aus: Milena Baisch, Geschwistergeschichten.
© 2000 by Loewe Verlag, Bindlach

Seite 11: Bolliger, Max: *Mugabo.* Aus: Max Bolliger, 1. Klasse Wackelzahn.
Hrsg.: Reiner Engelmann. © Patmos Verlag GmbH & Co. KG, Düsseldorf

Seite 7: Dietl, Erhard: *Wenn ich groß bin.* Aus: Erhardt Dietl, Wenn ich groß bin.

Seite 12: Korschunow, Irina: *Der kleine Drache schlägt Purzelbäume.* Aus: Irina Korschunow,
Hanno malt sich einen Drachen. © 1978 Deutscher Taschenbuchverlag, München

Seite 8: Nahrgang, Frauke: *Geht nicht.* Aus: Frauke Nahrgang, *Lene und Peter packen aus.*
© 1994 Deutscher Taschenbuchverlag, München

Seite 9: Nahrgang, Frauke: *Vorsicht.* Aus: Frauke Nahrgang, Lene und Peter packen aus.
© 1994 Deutscher Taschenbuchverlag, München

Seite 13: Scheffler, Ursel: *Flunkerfranz.* Aus: Scheffler, Ursel: Leselöwen Ostergeschichten.
© 2001 by Loewe Verlag, Bindlach

Seite 6: Scheffler, Ursula: *Fremdsprachen sollte man können.* Aus: Fisher-Price, Lernen ist lustig.
Kleine und große Tiere. Time life Kinderbibliothek Amsterdam 1990

Seite 16: Stöckle, Frieder: *Das Nachrichtenband.* Aus: H. J. Gelberg (Hrsg.),
Wie man Berge versetzt. Beltz & Gelberg in der Verlagsgruppe Beltz, Weinheim & Basel

Seite 23: Taylor, Kim: *Libellen. Fliegen wie ein Hubschrauber.* Aus: Taylor, Kim:
Guck mal ... ganz schnell. Belitha Press Ltd. 1989